Scoprire i Giochi Gratuiti Online

Disponibile Qui:

BestActivityBooks.com/FREEGAMES

5 CONSIGLI PER INIZIARE

1) COME RISOLVERE LE PAROLE INTRECCIATTE

I puzzle hanno un formato classico:

- Le parole sono nascoste senza spazi o trattini,...
- Orientamento: Le parole possono essere scritte in avanti, indietro, verso l'alto, verso il basso o in diagonale (possono essere invertite).
- Le parole possono sovrapporsi o intersecarsi.

2) APPRENDIMENTO ATTIVO

Accanto ad ogni parola c'è uno spazio per scrivere la traduzione. Per incoraggiare l'apprendimento attivo, un **DIZIONARIO** alla fine di questa edizione vi permetterà di controllare e ampliare le vostre conoscenze. Cerca e scrivi le traduzioni, trovale nel puzzle e aggiungile al tuo vocabolario!

3) SEGNARE LE PAROLE

Puoi inventare il tuo sistema di segni. Forse ne usi già uno? Per esempio, puoi segnare le parole difficili da trovare con una croce, le parole preferite con una stella, le parole nuove con un triangolo, le parole rare con un diamante, e così via.

4) STRUTTURARE L'APPRENDIMENTO

Questa edizione offre un **TACCUINO** alla fine del libro. In vacanza, in viaggio o a casa, puoi organizzare facilmente le tue nuove conoscenze senza bisogno di un secondo quaderno!

5) AVETE FINITO TUTTE LE GRIGLIE?

Nelle ultime pagine di questo libro, nella sezione della **SFIDA FINALE**, troverete un gioco gratuito!

Facile e veloce! Dai un'occhiata alla nostra collezione di libri di attività per il tuo prossimo momento di divertimento e **apprendimento,** a portata di clic!

Trova la tua prossima sfida su:

BestActivityBooks.com/MioProssimoLibro

Ai vostri posti, pronti...Via!

Sapevi che ci sono circa 7.000 lingue diverse nel mondo? Le parole sono preziose.

Amiamo le lingue e abbiamo lavorato duramente per creare libri di altissima qualità. I nostri ingredienti?

Una selezione di argomenti adatti all'apprendimento, tre buone porzioni di intrattenimento, una cucchiaiata di parole difficili e una spolverata di parole rare. Li serviamo con amore e entusiasmo in modo che tu possa risolvere i migliori giochi di parole e divertirti imparando!

La vostra opinione è essenziale. Puoi partecipare attivamente al successo di questo libro lasciandoci un commento. Ci piacerebbe sapere cosa ti è piaciuto di più di questa edizione.

Ecco un link veloce alla pagina dell'ordine:

BestBooksActivity.com/Recensione50

Grazie per il vostro aiuto e buon divertimento!

Tutta la squadra

1 - Salute e Benessere #2

```
B  L  T  W  P  Z  K  U  I  T  I  T  E  P  A  A
Z  U  K  X  S  N  D  Q  S  Đ  N  B  Q  J  J  P
A  D  X  M  L  I  Y  P  H  X  F  M  Y  O  I  V
J  I  R  R  B  M  Đ  M  R  A  E  Y  G  A  R  F
I  X  A  A  G  A  Y  Z  A  C  K  B  E  N  O  F
C  H  T  C  V  T  F  X  N  P  C  X  N  A  L  M
A  L  E  R  G  I  J  A  A  J  I  R  E  T  A  P
R  N  J  O  Q  V  K  R  V  N  J  Z  T  O  K  J
D  N  I  M  A  S  A  Ž  A  T  A  N  I  M  J  W
I  Z  D  Ž  N  U  R  P  C  S  E  J  K  I  X  K
H  Y  K  C  E  Z  J  L  I  E  Q  L  A  J  V  G
E  I  G  X  J  T  Y  O  N  L  W  X  O  A  N  L
D  T  A  U  I  N  Z  R  L  O  F  K  X  T  K  P
E  N  E  R  G  I  J  A  O  B  J  S  Q  M  T  S
U  Y  Đ  F  I  P  R  O  B  A  V  A  A  A  Y  S
G  S  B  G  H  F  F  V  C  M  X  R  U  L  R  W
```

ALERGIJA	HIGIJENA
ANATOMIJA	INFEKCIJA
APETIT	BOLEST
KALORIJA	MASAŽA
TELO	ISHRANA
DIJETA	BOLNICA
PROBAVA	TEŽINA
DEHIDRACIJA	KRV
ENERGIJA	ZDRAV
GENETIKA	VITAMIN

2 - Aggettivi #2

```
A  J  R  A  O  T  O  H  B  I  X  C  W  A  M  J
O  P  I  S  N  O  V  I  J  L  M  I  N  A  Z  G
N  H  Č  X  L  A  D  G  N  N  O  V  O  S  Č  L
V  G  U  I  B  Y  S  Z  D  R  A  V  N  L  U  A
I  E  L  S  S  Y  V  O  V  V  J  V  Č  A  V  D
T  F  S  T  B  T  F  N  N  X  L  Đ  I  N  E  A
K  I  V  G  L  J  O  L  A  O  J  N  T  O  N  N
U  S  Y  L  E  A  T  A  V  E  P  V  N  D  E  A
D  M  R  Y  L  K  Z  M  I  B  F  N  E  K  G  R
O  R  D  C  E  I  B  R  T  X  D  D  T  Q  A  O
R  W  E  A  G  Q  K  O  A  E  O  S  U  Q  G  V
P  T  F  O  A  J  N  N  E  Q  F  D  A  V  R  O
W  F  T  B  N  O  W  U  R  S  L  A  T  K  O  G
T  D  X  W  T  P  Z  V  K  Đ  Q  S  R  C  K  D
M  J  N  J  A  D  R  A  M  A  T  I  C  N  O  O
L  F  E  P  N  P  R  I  R  O  D  N  O  X  G  O
```

GLADAN	ZANIMLJIVO
SUHO	PRIRODNO
AUTENTIČNO	NORMALNO
KREATIVAN	NOVO
OPISNO	PONOSAN
SLATKO	PRODUKTIVNO
DRAMATICNO	ČISTO
ELEGANTAN	ODGOVORAN
ČUVEN	SLANO
JAK	ZDRAV

3 - Ingegneria

```
M  I  C  O  E  G  M  A  S  O  B  S  D  D  M  U
A  E  S  T  F  I  O  J  R  S  S  T  O  Đ  Q  G
R  J  R  M  A  Š  I  N  A  T  L  A  C  R  T  A
G  D  C  E  Q  V  K  D  J  R  I  B  N  V  K  O
A  M  J  I  N  H  I  A  I  E  Q  I  Y  Z  Y  X
J  M  F  N  U  J  W  R  C  N  U  L  S  S  J  H
I  B  B  O  L  M  E  G  U  G  I  N  E  M  R  I
D  I  A  M  E  T  E  R  B  T  D  O  D  Z  W  M
I  J  J  M  U  L  V  O  I  H  H  S  S  Q  I  Z
Z  S  I  J  O  H  K  A  R  T  I  T  V  E  Đ  D
R  Z  G  D  D  T  M  U  T  P  O  L  U  G  E  G
A  C  R  C  T  W  O  P  S  A  V  F  L  L  F  V
Č  K  E  R  K  A  S  R  I  P  O  G  O  N  X  Z
U  A  N  I  B  U  D  W  D  W  Z  O  V  O  U
N  C  E  R  O  T  A  C  I  J  A  M  G  D  P  Y
B  E  S  T  R  U  K  T  U  R  A  Q  V  V  I  S
```

UGAO	POLUGE
OSA	LIQUID
IZRAČUN	MAŠINA
GRADNJA	MERENJE
DIJAGRAM	MOTOR
DIAMETER	DUBINA
DIZEL	POGON
DISTRIBUCIJA	ROTACIJA
ENERGIJA	STABILNOST
STRENGTH	STRUKTURA

4 - Archeologia

```
G T J N X D K R F P Y E F B X C
A A N E J C O R P Đ O I V E S B
S N K C X A S X M M O T Q P F H
T R A S P Q T I Z Z Y N O M T E
R N U L W R I V I Q P E R M M K
U E R A I R O H N K M M E M A E
Č T I F T Z K F V Z Y G L I R K
N G E J K M A V E D M A I S H S
J Q U J E F B Q R S Z R K T G B
A M V C J M X N D B O F V E F G
K G R O B N I C A U J R I R O Đ
V Y E J O Q Q F U A Đ E J I S I
N E P O Z N A T W F R J A J I Q
T E M T I M A N T I K A Q A L Z
I S T R A Ž I V A Č L R Đ D B U
O W D L C I V I L I Z A C I J A
```

ANALIZA	OBJEKTI
ANTIKA	KOSTI
DREVNI	PROFESOR
CIVILIZACIJA	RELIKVIJA
POTOMAK	ISTRAŽIVAČ
ERA	NEPOZNAT
STRUČNJAK	TIM
FOSIL	HRAM
FRAGMENTI	GROBNICA
MISTERIJA	PROCJENA

5 - Salute e Benessere #1

```
O A E Z K E J I L K K F K X T R
K C T U Đ L S R M A A O N S R Y
Z L K M A J I P A R E T Ž G E V
H O R M O N I N S U R I V A T L
B D S X P C F V I T I Đ E N M M
B A K T E R I J E K Z V P I A H
D A P O T E K A H A A O Y S N K
A O A K T I V N O R T M O I F O
L A K A C P H Z J F N J Z V Z S
G P I T U C Y H W N I O J L Đ T
C D V I O H M T D K O P K O D I
Đ B A E X R R E F L E K S U O D
E J N A T Š U P O D A C Q C D F
Q Đ E K Y N Q S E I Q U G D A I
T D J S A G L X V R S E L D C L
T C Đ J C J G F N A I Ć I Š I M
```

NAVIKA
VISINA
AKTIVNO
BAKTERIJE
KLINIKA
GLAD
APOTEKA
FRAKTURA
LIJEK
DOKTOR

MIŠIĆI
HORMONI
KOSTI
KOŽA
REFLEKS
OPUŠTANJE
DODACI
TERAPIJA
TRETMAN
VIRUS

6 - Aggettivi #1

```
E  G  Z  O  T  I  Č  N  O  Q  B  Y  G  B  Đ  I
V  N  E  F  C  W  E  Y  R  D  U  G  O  I  D  S
A  M  B  I  C  I  O  Z  N  O  Q  D  B  T  K  K
X  R  U  H  B  Y  B  Z  U  A  W  B  Q  A  I  R
T  J  G  Z  U  F  Z  T  O  R  O  P  S  N  W  E
M  L  A  D  N  A  Š  U  D  O  K  I  L  E  V  N
A  V  A  U  Đ  G  Đ  O  T  M  A  J  Q  M  R  L
N  K  E  G  F  M  P  N  E  A  N  C  S  H  P  U
R  L  T  L  G  T  C  D  Š  T  A  D  R  E  C  O
E  P  A  I  I  T  Q  E  K  I  T  F  B  U  T  F
D  S  F  K  V  K  F  J  A  C  L  V  J  L  R  T
O  O  F  P  X  N  O  I  O  N  E  Š  R  V  A  S
M  V  J  N  A  M  O  R  G  O  D  N  Đ  Y  N  N
E  U  H  X  P  E  G  V  P  O  T  P  U  N  I  Q
H  F  F  I  D  E  N  T  I  Č  N  I  G  Z  F  B
U  M  J  E  T  N  I  Č  K  I  Y  T  Đ  R  V  Q
```

AMBICIOZNO
AROMATICNO
UMJETNIČKI
POTPUNI
AKTIVNO
OGROMAN
EGZOTIČNO
VELIKODUŠAN
MLAD
VELIKO

IDENTIČNI
BITAN
SPOR
DUGO
MODERNA
ISKREN
SAVRŠENO
TEŠKA
VRIJEDNO
TANAK

7 - Geologia

```
N  S  N  A  K  L  U  V  Đ  J  F  V  B  P  G  Y
M  L  B  T  R  B  U  I  S  W  G  E  F  E  P  W
T  N  E  N  I  T  N  O  K  T  Q  K  X  Ć  X  E
B  U  S  G  S  L  A  V  A  I  O  Đ  N  I  K  K
G  A  R  T  T  O  T  A  N  C  S  N  O  N  U  U
C  E  C  W  A  N  I  L  E  S  I  K  E  A  Đ  V
Q  T  J  O  L  S  T  M  M  T  R  Đ  U  P  S  Y
E  A  I  Z  I  D  K  F  I  A  P  O  V  U  R  K
L  L  C  S  I  A  A  B  B  N  O  Đ  I  N  F  P
S  P  L  V  I  R  L  B  R  S  E  M  A  L  O  M
R  L  A  R  O  K  A  J  I  Z  O  R  E  F  S  T
O  H  K  M  L  H  T  Đ  R  E  V  R  A  H  I  P
Đ  X  H  L  I  Q  S  K  V  A  R  C  L  L  L  I
Z  E  M  L  J  O  T  R  E  S  X  B  M  G  I  I
S  T  A  L  A  G  M  I  T  I  G  K  X  I  I  T
F  W  V  H  C  S  D  I  O  W  Y  T  C  P  N  Z
```

KISELINA	LAVA
PLATEAU	MINERALI
KALCIJ	STONE
PEĆINA	KVARC
KONTINENT	SO
KORAL	STALAGMITI
KRISTALI	STALAKTIT
EROZIJA	SLOJ
FOSIL	ZEMLJOTRES
GEJZIR	VULKAN

8 - Campeggio

```
X  R  B  Ž  I  N  S  E  K  T  Đ  S  O  Z  P  J
E  B  H  I  P  R  I  R  O  D  A  U  K  C  A  E
D  I  X  V  O  L  M  C  G  W  J  V  Ž  E  L  Z
E  Y  A  O  H  I  V  M  Y  Q  D  U  C  E  I  E
J  E  U  T  Y  Q  A  L  N  M  Q  R  N  Đ  O  R
M  F  J  I  L  X  T  Y  Z  Đ  Š  K  A  N  U  O
F  Y  A  N  I  B  A  K  L  T  M  U  I  D  H  M
V  D  Đ  J  F  E  U  Đ  G  C  K  Đ  M  Q  V  E
E  W  R  E  M  A  P  A  W  Đ  O  Y  Š  A  G  J
J  C  L  V  X  X  B  Q  A  E  M  X  A  V  N  K
B  O  T  K  E  Š  E  Š  I  R  P  M  T  A  Q  L
W  K  Z  X  I  Ć  N  Đ  M  E  A  J  O  B  O  K
F  V  E  L  M  M  E  L  G  Q  S  E  R  A  H  Đ
A  V  A  N  T  U  R  A  F  Đ  V  S  W  Z  F  Đ
B  O  R  H  H  A  M  M  O  C  K  E  Y  R  K  B
X  Z  U  P  P  L  A  N  I  N  A  C  A  G  T  D
```

DRVEĆE	ZABAVA
HAMMOCK	ŠUMA
ŽIVOTINJE	PALI!
AVANTURA	INSEKT
KOMPAS	JEZERO
KABINA	MJESEC
LOV	MAPA
KANU	PLANINA
ŠEŠIR	PRIRODA
UŽE	ŠATOR

9 - Tempo

```
T  A  U  U  O  V  P  U  A  Đ  L  Đ  E  P  J  R
P  O  S  L  I  J  E  Q  Q  A  S  S  D  T  U  Đ
P  Z  P  Q  B  M  R  G  Q  O  S  B  Y  Q  Č  L
I  J  I  S  P  U  A  J  I  N  E  C  E  D  E  C
I  X  M  F  R  M  D  T  L  X  I  A  R  J  J  E
C  N  L  A  I  J  N  U  C  I  M  D  E  S  T  N
M  V  Y  V  J  E  E  K  Ć  A  T  U  N  I  M  T
A  A  F  O  E  S  L  M  O  N  G  R  W  W  B  U
Y  A  I  C  H  E  A  N  N  I  O  R  T  U  J  R
S  X  J  Y  S  C  K  N  B  D  C  S  Z  D  P  Y
M  Q  J  I  J  N  Š  I  D  O  G  W  T  A  S  S
U  S  K  O  R  O  O  T  A  G  T  Đ  S  N  A  W
N  M  H  V  B  Y  B  E  N  D  O  P  C  K  D  O
Đ  A  N  E  M  H  C  K  A  T  U  N  E  R  T  E
Đ  D  Q  S  R  R  A  S  S  U  Đ  K  Đ  E  N  J
D  T  I  I  U  F  O  D  M  B  D  L  C  T  C  H
```

GODINA
GODIŠNJI
KALENDAR
DECENIJA
POSLIJE
BUDUĆNOST
DAN
JUČE
JUTRO
MJESEC

PODNE
MINUTA
TRENUTAK
NOĆ
DANAS
SAT
USKORO
PRIJE
CENTURY
SEDMICU

10 - Astronomia

```
F D Z A J I S K A L A G N T D B
C E Z R S O M S O C R A K E T A
K A F E A T Z E M L J A R U U O
L D J L L Č R M M E T E O R A P
B A X R U G E O J Z A K V H N S
S V M B B M J N N E N Đ E K O E
P O K S E L E T J O S U I Đ R R
R N G F N N E B O E M E G P T V
N R N A S T E R O I D K C I S A
R E N T G Q R E Q U I N O X A T
J P S E T S A Z V I J E Ž Đ E O
F U K N U R K V S V E M I R N R
E S F A O O E V Z T M U V M D I
Q I C L W I U Đ T Q M A C U P J
P B E P Z P J Z V U X Q B X Y I
G R A V I T A C I J A M P O T B
```

ASTEROID
ASTRONAUT
ASTRONOM
NEBO
COSMOS
SAZVIJEŽĐE
EQUINOX
GALAKSIJA
GRAVITACIJA
MJESEC

METEOR
NEBULA
OPSERVATORIJ
PLANETA
ZRAČENJE
RAKETA
SUPERNOVA
TELESKOP
ZEMLJA
SVEMIR

11 - Algebra

```
G  S  O  R  Q  X  B  Y  A  Q  I  X  M  V  F  X
R  D  P  F  O  A  W  A  L  B  A  J  I  R  A  V
A  F  J  E  S  L  A  F  R  G  C  U  V  D  K  K
F  U  Z  A  J  U  P  D  U  Y  I  E  A  V  T  A
C  H  N  T  G  N  G  K  Y  R  R  S  T  J  O  Z
B  E  S  K  O  N  A  Č  N  O  T  K  S  T  R  P
R  F  L  N  H  X  Đ  M  G  D  A  S  O  Đ  X  R
R  J  A  G  J  S  B  M  I  E  M  F  N  C  D  O
L  X  E  A  H  U  T  R  W  Z  P  H  D  S  E  B
U  V  J  Š  X  M  U  V  O  J  U  T  E  L  S  L
R  K  E  M  E  A  V  O  G  J  J  D  J  J  T  E
C  D  D  P  T  N  E  N  O  P  X  E  O  L  H  M
L  E  F  I  B  Y  J  E  C  O  C  X  P  K  Q  S
F  O  R  M  U  L  A  E  Z  A  G  R  A  D  A  Y
D  I  J  A  G  R  A  M  K  O  L  I  Č  I  N  A
R  V  Z  M  J  E  D  N  A  Č  I  N  A  Z  E  F
```

DIJAGRAM	ZAGRADA
JEDNAČINA	PROBLEM
EXPONENT	KOLIČINA
FALSE	POJEDNOSTAVI
FAKTOR	RJEŠENJE
FORMULA	SUMA
GRAF	ODUZIMANJE
BESKONAČNO	VARIJABLA
MATRICA	NULA
BROJ	

12 - Mitologia

```
D R X Q A F O R T S A T A K J C
Đ K L L X K V P I T E H R A I X
L K C G R J Đ F X V N O H N B R
J K U L T U R A P A X F J U E E
U S Č S N E B O Y R H Y R J E G
B B T U M B J Y E A J N U M E A
O E I R D R U E J N E R O V T S
M S H F E O T B Z J B L I K A L
O M J H J N V D E F E O L F A
R R G W N L G I I G F G S V N B
A T J V A H W T Š K Z E W E D I
T N O G Š X G F H T P N V W M R
E O R W A M T U H R E D K D O I
V S K I N T A R G X R A J P B N
S T Z V O P W M T H U N D E R T
O B N Q P T R I J U M F A A Z K
```

ARHETIP
PONAŠANJE
STVORENJE
STVARANJE
KULTURA
KATASTROFA
JUNAK
STRENGTH
MUNJA
LJUBOMORA

RATNIK
BESMRTNOST
LABIRINT
LEGENDA
SMRTNIK
ČUDOVIŠTE
NEBO
TRIJUMFA
THUNDER
OSVETA

13 - Piante

```
Đ U B R I V O V R D E E K R C P
V Đ I E U V S G K X J K N Q V H
E N Q G G Z S L A T I C A T I Y
G V Y I O Q S U T K A K N T J W
E A U L F L O R A T Š A B R E B
T I R U G B M M T T A M F A T Đ
A A C M R Y R R E B V U Q V A A
C S G Y A B W Š W L M Š Z A H S
I P R R H N A T L H A S Đ E T B
J B O I Đ Y L M G J W R O O T O
A V W Y P B X S B X A V B V C T
F K W Đ Y K H F W U B N I Q L A
J F Y E Y P Q M O G S F I U J N
F R I O X N Y E O R R S F S W I
L I Š Ć E I Y C S K Y M W I O K
R Z S N V Z J P F S J P R B B A
```

DRVO	ĐUBRIVO
BERRY	CVIJET
BAMBUS	FLORA
BOTANIKA	LIŠĆE
KAKTUS	ŠUMA
GRM	BAŠTA
GROW	MOSS
BRŠLJAN	LATICA
TRAVA	ROOT
GRAH	VEGETACIJA

14 - Spezie

```
P  H  C  K  Y  G  O  R  A  K  K  C  Z  O  Y  R
Š  A  R  A  O  E  B  G  E  A  A  U  N  J  Z  H
A  J  P  T  E  M  I  C  F  J  R  R  A  A  Đ  R
F  I  Z  R  S  O  O  U  Đ  N  D  R  W  N  Z  I
R  L  Y  G  I  J  K  R  A  Š  A  Y  Q  T  I  V
A  I  I  Q  R  K  T  E  A  E  M  J  Z  G  F  S
N  N  C  H  S  Đ  A  D  M  Č  O  B  I  B  E  R
T  A  K  Š  U  M  L  N  U  L  M  B  M  G  P  A
O  V  Đ  T  K  Z  S  A  K  I  C  S  I  I  Q  F
D  C  U  M  I  N  H  I  R  C  Z  C  G  N  E  B
Z  S  K  E  I  M  N  R  U  O  R  O  B  G  H  R
Q  O  V  H  Y  P  L  O  K  R  Đ  Đ  G  E  P  Y
Y  R  D  H  Y  V  A  C  V  I  L  U  K  R  W  M
K  A  M  B  I  B  Đ  F  O  C  O  L  H  Q  J  B
Q  U  J  K  L  F  Đ  X  V  E  B  H  G  E  L  K
B  G  L  F  V  V  J  S  O  Q  A  O  P  I  P  I
```

ČEŠNJAK	SLATKO
GORAK	KOMORAČ
ANIS	LICORICE
CIMET	MUŠKAT
KARDAMOM	PAPRIKA
LUK	BIBER
CORIANDER	SO
CUMIN	VANILIJA
KURKUMA	ŠAFRAN
CURRY	GINGER

15 - Numeri

```
Š D V A D E S E T I S X D D U K
K E X L E Z D E E K E K E E A C
Q P S U M B Y H P V D E C V U B
D V A N F H C G U M A B I E T K
E Z S B A E M M X H M A M T Š C
U G M W V E D D L H N B A N E N
F S T R S I S Y Y R A Y L A S Q
Q B M F C W S T E V E D N E T L
C J M J W Đ K J S Q S J I S Đ G
O S A M N A E S T E T A M T E O
D W D Q Z T A V T Y A U Đ F G H
L E E Z X Y S N C C O N E V M W
V J S P E T N A E S T X R H W U
L M E E D S D S P D I R I T E Č
L C Đ O T S E A N I R T E F E J
X Q D D V A N A E S T O S A M Č
```

PET

DECIMALNI

DEVETNAEST

SEDAMNAEST

OSAMNAEST

DESET

DVANAEST

DVA

DEVET

OSAM

ČETRNAEST

ČETIRI

PETNAEST

ŠESNAEST

ŠEST

SEDAM

TRI

TRINAEST

DVADESET

NULA

16 - Cioccolato

```
Q  F  X  J  U  V  C  S  G  V  M  K  B  A  J  X
E  G  Z  O  T  I  Č  N  O  Š  E  Ć  E  R  G  O
W  D  O  H  T  L  E  M  A  R  A  K  V  D  X  A
Đ  X  A  B  W  P  J  V  I  A  Š  T  B  V  X  T
C  N  T  N  A  D  I  S  K  O  I  T  N  A  Đ  W
S  P  M  G  I  X  R  P  A  B  K  I  R  T  N  B
C  F  C  A  C  A  O  F  J  V  T  R  Y  R  P  G
Ž  B  E  F  R  Đ  L  K  O  J  A  O  Y  E  U  A
T  U  Y  G  E  L  A  A  T  V  L  U  C  K  M
E  G  D  F  M  W  K  R  S  A  S  A  K  E  U  K
O  O  Q  N  T  Đ  J  O  A  M  L  F  U  P  S  Đ
Z  H  N  E  J  G  P  G  S  R  B  S  S  T  N  X
J  V  S  X  S  A  A  R  O  M  A  D  O  H  O  U
K  V  A  L  I  T  E  T  U  J  Z  O  T  K  E  B
K  I  K  I  R  I  K  I  L  L  P  N  D  M  O  Q
A  B  I  B  T  J  Q  X  W  Đ  Y  U  S  I  L  K
```

GORAK
ANTIOKSIDANT
KIKIRIKI
AROMA
ŽUDNJA
CACAO
KALORIJE
SLATKIŠ
KARAMEL
UKUSNO

SLATKO
EGZOTIČNO
UKUS
SASTOJAK
KOKOS
FAVORIT
KVALITET
RECEPT
ŠEĆER

17 - Guida

```
S  B  N  H  O  V  M  H  G  K  D  U  S  I  E  E
I  R  J  S  T  R  O  P  S  N  A  R  T  W  U  A
G  Z  Z  O  Z  O  T  V  Q  Y  F  K  W  M  S  U
U  I  E  F  I  Y  O  P  F  Y  C  L  E  N  U  T
R  N  X  A  Ć  E  R  S  E  N  K  K  C  M  B  O
N  A  Ž  L  I  C  E  N  C  A  I  I  N  O  V
O  R  N  A  W  D  D  D  O  A  J  C  N  C  T  I
S  Q  I  R  O  J  C  K  H  P  I  O  Č  E  U  R
T  D  C  A  H  S  X  V  S  I  C  T  O  H  A  O
L  E  Đ  G  B  N  L  S  W  C  I  O  K  X  V  G
S  A  O  B  R  A  Ć  A  J  E  L  M  A  I  Q  M
B  A  S  F  F  A  G  Đ  Đ  S  O  C  Š  K  G  B
G  Đ  G  E  I  O  M  U  E  T  P  B  E  X  F  B
Đ  R  X  F  I  X  T  A  G  A  N  Z  J  R  N  E
O  P  A  S  N  O  S  T  P  G  O  I  P  U  N  Y
H  J  S  A  B  G  W  D  D  A  Z  F  R  R  Y  D
```

AUTO	MOTOR
AUTOBUS	PJEŠAK
GORIVO	OPASNOST
KOČNICE	POLICIJA
GARAŽA	SIGURNOST
GAS	CESTA
NESREĆA	SAOBRAĆAJ
LICENCA	TRANSPORT
MAPA	TUNEL
MOTOCIKL	BRZINA

18 - I Media

```
R E L Y E O K F A I F P O G M K
M A V I N L W C P N I I B U R O
K Đ D P I R M R L L N Z R S E M
S X K I V O V A T S A D A L Ž E
R C T E O P X E I Đ N A Z I A R
A U I M N Q D O Đ W S N O K V C
O N L I N E D E S G I J V E T I
J A V N O Q D T C V R E A B W J
M I Š L J E N J E I A Z N I Č A
I N D U S T R I J A N H J N A L
S N Z K U V Y P N M J E E G S N
J H A J I Z I V E L E T J K O O
K O M U N I K A C I J A R N P B
I N T E L E K T U A L N O V I U
D L O K A L N I I N H C D I S Č
D I G I T A L N O H O C Đ M I R
```

STAVOVI	INDUSTRIJA
KOMERCIJALNO	INTELEKTUALNO
KOMUNIKACIJA	LOKALNI
DIGITALNO	ONLINE
IZDANJE	MIŠLJENJE
OBRAZOVANJE	JAVNO
ČINJENICE	RADIO
FINANSIRANJE	MREŽA
SLIKE	ČASOPISI
NOVINE	TELEVIZIJA

19 - Forza e Gravità

```
U  Q  Y  I  T  P  A  L  Q  C  P  R  T  O  S  A
H  Q  Q  P  S  P  M  Q  E  E  L  A  E  B  M  N
P  Y  U  G  M  S  F  T  G  N  A  Ž  Ž  C  T  I
Đ  J  X  Đ  I  U  L  H  P  T  N  D  I  G  S  Z
D  I  N  A  M  I  Č  K  I  A  E  A  N  V  A  R
T  R  E  N  J  E  P  N  H  R  T  L  A  Z  K  B
M  A  G  N  E  T  I  Z  A  M  E  J  T  Y  A  V
O  K  O  O  J  Q  C  P  K  A  S  I  T  I  R  P
S  R  R  O  N  C  U  D  A  R  W  N  U  X  X  M
O  E  B  V  E  M  E  J  I  R  V  A  E  U  K  E
B  T  I  F  R  B  R  P  O  F  J  F  Ć  O  F  H
I  A  T  T  I  N  L  A  Z  R  E  V  I  N  U  A
N  N  A  F  Š  Z  G  S  I  L  N  A  R  Z  X  N
E  J  K  H  O  V  I  Q  I  H  R  H  K  X  D  I
U  E  P  A  R  P  M  K  U  P  I  C  T  J  E  K
M  X  B  Y  P  T  D  Q  A  F  M  E  O  Đ  J  A
```

OSA	KRETANJE
TRENJE	ORBITA
CENTAR	TEŽINA
DINAMIČKI	PLANETE
RAZDALJINA	PRITISAK
PROŠIRENJE	OSOBINE
FIZIKA	OTKRIĆE
UDAR	VRIJEME
MAGNETIZAM	UNIVERZALNI
MEHANIKA	BRZINA

20 - Uccelli

```
K W R Y Z G J N L A Q X Y M Đ E
J O N U A P L A B U D T D S E R
Z R K C B F Đ S I P F H Q M Y Đ
L R Q O H U N K O S I N D A Đ N
A A A A Š M K S R I U N U E U W
V P K R B P S Z H K T U G K Q H
P S S O X F E Z N N O T M V T O
E K U K A V I C A G U L H D I G
L S G W U Z B N O O C O R K P N
I Đ E U H E R O N L A D Q O C I
K J F R Y V O O R U N P C Đ D M
A K T A P O Đ J B B I B S R Y A
N T E Y O D E G P A P A G A J L
J W D D B C A U Y Z O M Đ J V F
Đ Z A J M D F L M C F Đ H U K C
U J A J E Z Đ L V N X A Z L C B
```

HERON	PAPAGAJ
PATKA	SPARROW
ORAO	PAUN
RODA	PELIKAN
LABUD	GOLUB
DOVE	PINGVIN
KUKAVICA	KOKOŠ
FLAMINGO	NOJ
GULL	TOUCAN
GUSKA	JAJE

21 - Giorni e Mesi

```
V U W I Z P A I S H U H Q K K P
L O H X C O J L A V G U S T A E
F N A O C A L U Q H Q C C A L M
C E S E J M E J N L E I P U E N
R G B G Z A J Z Đ Q Z M O W N O
A L I R P A D Q S N L D M P D V
D Y Y A U I E J A U I E Z B A E
S Q U B J A N J B A B S Y W R M
V K M M S N R O X S K O D B A B
V A D E J I R S Q C H S T K B A
F T X C C D J A N U A R G A M R
E E L E Q O B Z A J N Đ P R E K
C P S D A G T R P Q T Z X O T B
T O K T O B A R F J X L C T P L
P O N E D J E L J A K D X U E Z
U Q L P W B W S W D P F F C S Đ
```

AVGUST

GODINA

APRIL

KALENDAR

DECEMBAR

NEDJELJA

FEBRUAR

JANUAR

JUN

JULI

PONEDJELJAK

UTORAK

SRIJEDA

MJESEC

NOVEMBAR

OKTOBAR

SUBOTA

SEPTEMBAR

SEDMICU

PETAK

22 - Casa

```
T E P I H O Y K O A A L T E M K
T C H I Y C G A E J L B A S Đ A
W A E T Đ D I L J D W Z V K H M
O G P R T A J C E R S I A N F I
G S H F T K O Đ P D A Z N F X N
R O Z O R P R X P I A B P Q O O
A K R O V K I N F T P L L I Z F
D L L Đ S R U K S O B A O X J A
A P U G G D H I U L A M P A F L
E F K T F C X V A H X U V B Q P
B A Š T A A K E T O I L B I B Q
D F U H W E Q H A U F N A S R F
O D T P U P R D R K Q L J U U Z
G A R A Ž A N I V A L S O A K W
D G H P H Z R Z J P X X Y O Y S
V Đ C F H F Q B N C S S H Z R A
```

TAVAN	ZID
BIBLIOTEKA	FLOOR
SOBA	VRATA
KAMIN	OGRADA
KUHINJA	SLAVINA
TUŠ	METLA
PROZOR	PLAFON
GARAŽA	OGLEDALO
BAŠTA	TEPIH
LAMPA	KROV

23 - Fantascienza

```
G O R A C L E F I U T G T A T P
E A U T O P I J A P R E J T Z L
K Q L T E H N O L O G I J A M Đ
S F M A F M D O I K T I I F E
P U I J K A Đ K H S W V L L V R
L T S I B S N J R O A O U A A S
O U T P U I I T H I D N Z P Z H
Z R E O V T T J A B D R I U A F
I I R T C U O F A S U A J O T V
J S I S F P B J P J T N A I O B
A T O I E V O F L A S I S R M N
A I Z D Y U R I A L Q G Č A I F
H Č N B A H P Đ N K X A C N C O
O K O I V Z O Đ E T X M B E O J
N I K N J I G E T Q K I F C N Z
Q E X T R E M E A K Y Q B S S F
```

ATOMIC
BIOSKOP
DISTOPIJA
EKSPLOZIJA
EXTREME
FANTASTIČNO
PALI!
FUTURISTIČKI
GALAKSIJA
ILUZIJA

IMAGINARNO
KNJIGE
MISTERIOZNO
SVIJET
ORACLE
PLANETA
ROBOTI
SCENARIO
TEHNOLOGIJA
UTOPIJA

24 - Città

```
S B Y C Y U P W D C C C Q S Z B
U U Z O O I X E Đ Z U M W B B I
N A P J O L E F B R G R B K F B
I P T E Đ A U T N O I D A T S L
V M R A R A Ž I J N K D N W J I
E Y Ž K A M E M N J M P K R E O
R K I Ć M A J I R E L A G D T
Z Š Š T E S U R N Y P O I S O E
I K T O J T N Z K R R E Đ J E K
T O E P V G L Đ E E Y L K A I A
E L H A C I V X Đ J T P K A P O
T A Q H O T E L V M M R I K R H
L W K A E R O D R O M G U A E A
B Đ D W C P R O D A V N I C A E
B I O S K O P L K L I N I K A X
K G L P O Z O R I Š T E K F S O
```

AERODROM
BANKA
BIBLIOTEKA
BIOSKOP
KLINIKA
APOTEKA
CVJEĆAR
GALERIJA
HOTEL
KNJIŽARA

TRŽIŠTE
MUZEJ
PRODAVNICA
PEKARA
ŠKOLA
STADION
SUPERMARKET
POZORIŠTE
UNIVERZITET
ZOO

25 - Fattoria #1

```
T  Đ  G  J  O  N  E  J  I  S  F  P  M  X  I  P
E  I  U  N  E  G  Đ  O  E  Z  D  L  A  O  J  B
J  A  T  O  G  Z  R  P  O  L  J  E  G  S  Q  U
P  Đ  U  K  H  I  J  A  L  E  Č  P  A  J  F  M
A  S  V  I  N  J  A  X  D  D  W  T  R  E  L  W
S  Ž  M  T  E  L  E  Y  I  A  F  C  A  M  T  G
X  J  I  A  Z  P  R  Đ  E  H  M  Š  C  E  C  Y
E  J  U  R  Č  Đ  U  B  R  I  V  O  A  E  M  R
O  K  J  P  Z  K  N  J  R  X  Y  K  F  I  D  H
Z  Y  A  O  R  S  A  P  N  X  Đ  O  Q  V  W  P
U  Đ  W  J  M  E  D  K  O  Z  A  K  W  M  L  K
V  G  Đ  M  X  Q  O  X  B  T  N  K  T  Q  B  G
C  K  R  A  V  A  V  K  K  A  A  T  Z  P  P  P
K  P  O  L  J  O  P  R  I  V  R  E  D  A  H  K
K  S  S  J  O  E  F  J  M  T  M  P  O  R  W  C
T  H  R  T  S  A  P  C  M  L  Q  F  S  B  X  Đ
```

VODA	MAČKA
POLJOPRIVREDA	JATO
PČELA	SVINJA
MAGARAC	MED
POLJE	KRAVA
PAS	KOKOŠ
KOZA	OGRADA
KONJ	RIŽA
ĐUBRIVO	SJEME
SIJENO	TELE

26 - Psicologia

```
D P B K B O K U S T R V Z K N I
J R H A W A V T S U K S I P H D
E O R R A E D I K Č I N I L K E
T C P F Y I J C O C B K Đ E P J
I J K A P M L A J I P A R E T E
N E D H P E A J I C A Z N E S I
J N E R U L R I Y F J T X V O D
E A S I Q B L C N G N S Y A N S
A J A N Z O P S E E G O Y G R A
B E I D R R Q C W P K N U K A S
Y Q P F W P N F E T C Č K M V T
P O N A Š A N J E Đ X I X V T A
E M O C I J E E W U F L J S S N
E G O M I S L I H S W C N A D A
X A Q P Y N E S V J E S N O O K
Z Đ U N O Z K W H I H B S L N C
```

SASTANAK	DJETINJE
KLINIČKI	UTICAJI
SPOZNAJA	MISLI
PONAŠANJE	PERCEPCIJA
SUKOB	LIČNOST
EGO	PROBLEM
EMOCIJE	STVARNOST
ISKUSTVA	SENZACIJA
IDEJE	TERAPIJA
NESVJESNO	PROCJENA

27 - Paesaggi

```
D N A L S I R I J P P A V I L P
A O I D L J I Đ S N L T Đ I F U
P J L Đ U L J F X N A K L U V S
O R U I O O E W P I N L X D B T
D S P S N Z K N E P I A U X H I
O Đ Z M B A A D Ć S N U E Đ Đ N
V P C F G Ž M H I J A U L C Y J
S M S I S A O G N J E Z E R O A
Q Z N D X L Č K A J N E D E L D
D U G Z K P V O R D C R C E K E
K L X V N U A G D B Đ O Đ U G L
Y Y F Z R U R I N Đ R M A T Y A
G E J Z I R A H U L Q D S J M T
L Q W X Q B K O T O U L O P E N
P M I R P Y S C M I C H W B Y A
K U Đ J X N H R V X O S R X W S
```

VODOPAD
BRDO
PUSTINJA
RIJEKA
GEJZIR
LEDENJAK
PEĆINA
SANTA LEDA
ISLAND
JEZERO

MORE
PLANINA
OASIS
OCEAN
MOČVARA
POLUOTOK
PLAŽA
TUNDRA
DOLINA
VULKAN

28 - Energia

```
H  F  K  B  N  E  C  Z  I  A  I  Q  J  Z  F  H
S  E  J  N  E  J  N  E  Đ  A  G  A  Z  A  N  B
Y  M  N  D  I  N  R  A  E  L  K  U  N  U  R  K
A  U  R  T  L  E  Z  I  D  U  E  I  J  L  Đ  T
E  T  X  F  E  Ž  J  I  J  G  P  X  D  T  J  U
L  Y  O  X  Z  U  K  A  N  L  S  J  D  O  A  R
E  P  V  P  Y  R  Đ  P  W  J  E  V  I  K  V  B
K  A  I  Q  L  K  E  G  M  I  A  O  O  P  Z  I
T  R  J  D  H  O  B  H  O  K  X  O  H  W  D  N
R  A  L  Y  Q  Q  T  B  A  T  E  R  I  J  A  A
I  R  V  X  R  J  B  A  J  I  P  O  R  T  N  E
Č  U  O  L  I  N  I  N  D  U  S  T  R  I  J  A
N  S  N  E  L  E  K  T  R  O  N  O  T  O  F  M
I  P  B  G  O  R  I  V  O  P  E  M  Z  I  W  D
S  F  O  V  J  E  T  A  R  L  L  U  I  S  G  X
I  K  U  J  O  T  A  T  U  Đ  G  U  B  W  R  Z
```

OKRUŽENJE
BATERIJA
BENZIN
TOPLOTA
UGLJIK
GORIVO
DIZEL
ELEKTRIČNI
ELEKTRON
ENTROPIJA

FOTON
VODIK
INDUSTRIJA
ZAGAĐENJE
MOTOR
NUKLEARNI
OBNOVLJIVO
TURBINA
PARA
VJETAR

29 - L'Azienda

```
G  S  L  M  E  C  Q  O  P  Z  W  L  E  A  T  N
K  L  T  Y  E  A  G  N  R  A  K  U  L  D  O  A
T  F  O  F  J  J  J  V  O  P  J  J  X  M  M  P
T  X  N  B  N  I  W  I  F  O  E  A  W  O  O  R
J  J  B  P  A  D  O  T  E  Š  D  H  V  G  K  E
K  C  D  B  G  L  A  A  S  L  I  J  F  U  V  D
H  R  K  T  A  K  N  V  I  J  N  Đ  Q  Ć  A  A
P  I  E  M  L  F  Y  O  O  A  I  G  Q  N  L  K
R  R  Y  A  U  H  F  N  N  V  C  F  J  O  I  N
W  U  O  U  T  M  U  I  A  A  E  Đ  W  S  T  X
L  I  C  I  Z  I  R  U  L  N  D  Y  X  T  E  Đ
R  V  V  A  Z  C  V  I  N  J  W  I  I  H  T  F
U  G  L  E  D  V  H  A  O  E  P  L  A  T  E  D
Y  Y  R  T  I  V  O  D  N  E  R  T  A  I  C  G
R  E  S  U  R  S  I  D  O  H  I  R  P  K  T  H
I  N  D  U  S  T  R  I  J  A  E  I  K  A  B  U
```

KREATIVAN	NAPREDAK
ODLUKA	KVALITET
GLOBALNO	PRIHOD
INDUSTRIJA	UGLED
INOVATIVNO	RIZICI
ULAGANJE	RESURSI
ZAPOŠLJAVANJE	PLATE
MOGUĆNOST	TRENDOVI
PROIZVOD	JEDINICE
PROFESIONALNO	

30 - Giardino

```
N O K C O M M A H G T S X U P U
Q C O V E J I R C A C E N I V H
P W M I I C Q Z P R P J R C A K
I K A J N V A R T A C X H A Z B
X Z V E O R M L Đ Ž Q M O Q S C
W T V T H P X T U A T R A V A A
Z I Z R A K E W D H C G O O R R
E N N W P T K B A Š T A G R Y D
M J Y Z U O A Y S N G Đ R O C N
L O T Z L P J P B G D Y A K M O
J H Y Y K T N P O K I C D R J P
A Q I M K I Ć B Đ L M W A M Z V
M V W Y J M O T R A M P O L I N
P N V F P Đ V T Q B C I N H Z C
V Đ F X A R C U S Đ L C G L F O
E U C J N O M H J Q I A I N U L
```

DRVO	KLUPA
HAMMOCK	TRAVNJAK
GRM	RAKE
TRAVA	OGRADA
KOROV	POND
CVIJET	ZEMLJA
VOĆNJAK	TERASA
GARAŽA	TRAMPOLIN
BAŠTA	CRIJEVO
LOPATA	VINE

31 - Riscaldamento Globale

```
P  Đ  G  P  R  W  A  H  G  M  C  S  V  T  D  E
A  Q  K  A  D  A  L  V  E  E  E  P  Q  Z  Z  J
Ž  N  R  B  S  P  N  N  N  Đ  J  O  V  Z  A  R
N  A  I  C  G  O  H  B  E  U  I  S  Y  S  I  E
J  U  Z  W  D  D  J  U  R  N  C  L  Z  W  N  L
A  Č  A  F  E  A  L  D  A  A  A  J  E  B  M  P
T  N  K  K  Đ  C  N  U  C  R  L  E  W  I  N  M
G  I  S  L  Y  I  V  Ć  I  O  U  D  K  Q  M  G
S  K  Z  B  I  Đ  M  N  J  D  P  I  X  B  H  B
A  I  Y  O  E  M  S  O  E  N  O  C  A  X  Q  A
D  T  Đ  Y  F  L  A  S  Y  I  P  E  F  J  Q  O
A  K  L  T  V  U  U  T  E  N  E  R  G  I  J  A
V  R  L  S  T  A  N  I  Š  T  A  R  Y  K  Đ  U
A  A  J  I  R  T  S  U  D  N  I  R  L  M  M  M
Z  A  K  O  N  O  D  A  V  S  T  V  O  G  F  X
T  E  M  P  E  R  A  T  U  R  E  M  F  M  Y  S
```

ARKTIK	VLADA
PAŽNJA	STANIŠTA
KLIMA	INDUSTRIJA
POSLJEDICE	MEĐUNARODNI
KRIZA	ZAKONODAVSTVO
PODACI	SADA
ENERGIJA	POPULACIJE
BUDUĆNOST	NAUČNIK
GAS	RAZVOJ
GENERACIJE	TEMPERATURE

32 - Frutta

```
F  L  Y  M  N  J  X  Y  J  Z  B  C  M  B  X  I
K  Y  U  T  I  A  Y  Q  S  U  E  V  A  R  X  L
Q  R  V  K  R  B  G  Z  D  A  R  D  L  E  E  Q
F  Đ  U  R  A  U  C  R  U  M  R  I  I  S  O  Đ
O  O  S  Š  T  K  I  U  C  V  Y  P  N  K  M  T
M  H  S  K  K  A  Š  L  J  I  V  A  A  V  D  P
W  D  J  I  E  A  R  B  A  N  A  N  A  I  C  M
T  R  E  Š  N  J  A  X  E  Y  X  O  M  C  E  P
S  Q  L  Y  R  R  E  B  K  C  A  L  B  A  X  K
M  A  N  G  O  D  A  K  O  V  A  P  S  D  K  Y
X  J  N  U  M  I  L  X  F  B  F  J  A  R  I  F
Đ  N  U  A  C  I  L  E  R  A  M  P  K  P  V  A
W  I  B  F  N  G  R  O  Ž  Đ  E  T  Z  E  I  Đ
P  D  O  T  S  A  Ž  D  N  A  R  A  N  U  D  B
Y  Y  Q  T  C  W  N  H  Q  E  Y  C  D  B  D  R
X  S  L  M  Đ  O  J  Z  J  W  Y  B  W  W  L  S
```

MARELICA	MANGO
ANANAS	JABUKA
NARANDŽASTO	DINJA
AVOKADO	BLACKBERRY
BERRY	NEKTARIN
BANANA	PAPAYA
TREŠNJA	KRUŠKA
KIVI	BRESKVICA
MALINA	ŠLJIVA
LIMUN	GROŽĐE

33 - Fattoria #2

```
X  N  D  A  D  A  V  I  L  P  M  Z  P  T  I  N
F  F  Y  O  X  T  O  Z  O  Z  L  Ž  A  D  V  A
D  A  M  A  L  L  Ć  O  V  U  I  I  S  M  J  V
L  C  R  M  A  Č  E  J  C  R  J  V  T  I  T  O
W  I  W  M  V  T  M  K  E  U  E  O  I  N  D  D
G  N  Z  O  E  O  I  Y  S  K  K  T  R  H  N  N
F  Š  F  O  V  R  Ć  B  V  U  O  I  H  Z  F  J
E  O  G  A  A  O  A  N  N  K  G  N  N  N  I  A
Z  K  S  W  P  T  Đ  O  J  N  Đ  J  J  K  R  V
H  R  A  N  A  K  A  C  O  A  D  E  Z  Z  K  A
A  I  C  Y  P  A  P  B  V  R  K  E  J  B  S  N
V  D  I  R  M  R  K  Q  P  E  P  M  A  A  C  J
Q  X  N  P  A  T  K  A  U  H  D  I  M  R  U  E
U  P  E  S  Z  L  V  V  K  S  I  Đ  B  N  S  N
L  H  Š  Đ  D  F  U  K  Q  W  Đ  S  V  N  S  K
N  N  P  G  U  J  Z  D  T  A  F  N  O  V  Q  F
```

JAMB	NAVODNJAVANJE
FARMER	LLAMA
KOŠNICA	MLIJEKO
PATKA	KUKURUZ
ŽIVOTINJE	GUSKE
HRANA	JEČAM
BARN	PASTIR
VOĆE	OVCE
VOĆNJAK	LIVADA
PŠENICA	TRAKTOR

34 - Verdure

```
P A R A D A J Z N Z U G N K U L
R D E R Q A R T I Č O K A R P J
J S L B I G E I L G G H P A A B
C D K Y Q A L G P X O E S S T G
S J U D M D E B R M A X B T L I
M I S W Š R C H S A O P C A I N
I L B X P S K Y X Y Š R Y V D G
V Z H E I J D V Q I A A K A Ž E
T X J Y N T X B A F N A K C A R
J L Đ S A I B B C G N W D Y N M
Q L D Y T K R Y I S A L A T A J
R E P A Z V O N V Č E Š N J A K
I Y J S D A K H K V J R O B A S
P E R Š U N U T T W G L J I V A
L M Q Y X I L T O L L A H S O G
A I W A B N A B R A L T Z K V Q
```

ČEŠNJAK	GRAŠAK
BROKULA	PARADAJZ
ARTIČOKA	PERŠUN
MRKVA	REPA
KRASTAVAC	ROTKVICA
LUK	SHALLOT
GLJIVA	CELER
SALATA	ŠPINAT
PATLIDŽAN	GINGER
KROMPIR	TIKVA

35 - Musica

```
M J C Đ L A Z L T M U B L A R Q
E R B Q Q H M J R K P A I R U S
L X I H H O R I Y L H L R J I J
O T Y T Đ N E L B T R A S E Z B
D Z V M A Y G Y B M K D K T P W
I M W O X M N V E H I A I W V O
J M J J I I I O Q A K I T E O P
A I C U U K S K S R L E A T T L
K K H Y Z Č M A F M W C V V I H
I R U Y S I M L N O F M E S G A
S O Y Đ E M K K D N J F J S L R
A F H W Y T H L J I H Z P C S M
L O O L V I J V S J A V M I W O
K N H I P R A X R A Č I Z U M N
I N S T R U M E N T G N G E K I
S N I M A N J E J G J M K P S K
```

ALBUM
HARMONIJA
HARMONIK
BALADA
SINGER
PJEVATI
KLASIKA
HOR
LIRSKI
MELODIJA

MIKROFON
MJUZIKL
MUZIČAR
OPERA
POETIKA
SNIMANJE
RITMIČKI
RITAM
INSTRUMENT
VOKAL

36 - Barbecue

```
Đ I V E Ž O N K O K O Š X Z X S
F H I E Ć O V L U K T P Y G P L
U N Z T Č P H Đ W N H R G N A G
K A O A E E B U Z M K S D Đ R L
K H P L P H R E V Y M C S R A V
L P G A I R N A K I Z U M Đ D U
S O S S Q A V R U Ć E G S D A Y
Đ O B N V N E W L B O X L M J W
D V I Z H A G Z S J P U Y A Z X
O A B R I V G D G C V W T O D J
R Q E J E O D I N O Z Y L Q F L
I U R K Z A M L S R S X E R G I
J E Č J J U O F K L M R T Z G T
K C N A P O R O D I C A O S O Š
U L U F K D V R E A B O G Z U O
B D Q K A A W S Z Q L E M U S R
```

VRUĆE	ROŠTILJ
VEČERA	SALATE
HRANA	POZIV
LUK	MUZIKA
NOŽEVI	BIBER
LETO	KOKOŠ
GLAD	PARADAJZ
PORODICA	RUČAK
VOĆE	SO
IGRE	SOS

37 - Insetti

```
S M N W Y L F N O G A R D C D D
X T B U B A A U I B G U M R Q V
B I R J J S F D W Q L E P T I R
U M P Š P P V L Y W H U E S J C
B R Č Y L D F U R B D S S U D A
A E E Z C J W A S P U V L C V V
Š T L F I J E F Q J X G A O N A
V N A E C F A N D K Y X R L W K
A A F S A Đ Q M V F F Y V Q F A
B Q O I D I L V U C A R A M O K
A C U X A Z L A J C J Q H W A S
G C J M Đ G A P C L Y Q A D C A
B D Q O Q P L H E B R K S Đ N H
Z U V L Y V X I Y Y P Đ L M Z I
D G H J C W U D M A N T I S O F
Z F W A J U N R J N D V A J S M
```

APHID	LARVA
PČELA	DRAGONFLY
STRŠLJEN	LOCUST
SKAKAVAC	MANTIS
CICADA	BUHA
LADYBUG	BUBAŠVABA
BUBA	TERMIT
MOLJ	CRV
LEPTIR	WASP
ANT	KOMARAC

38 - Fisica

```
P  B  B  M  K  B  E  Z  E  S  C  M  N  U  R  R
M  R  H  U  Z  V  Q  N  H  F  H  O  J  N  E  R
O  Z  V  W  Č  U  R  D  W  F  Z  L  D  I  L  F
T  I  F  V  K  E  A  C  I  T  S  E  Č  V  A  P
O  N  N  K  X  J  S  K  Q  A  O  K  H  E  T  U
R  A  J  D  A  N  I  T  S  U  G  U  M  R  I  B
M  A  Z  I  T  E  N  G  A  M  Y  L  G  Z  V  R
A  P  J  I  H  R  A  F  G  L  Q  A  R  A  N  Z
E  M  R  K  N  I  H  U  C  C  O  T  Z  L  O  A
F  E  F  S  B  Š  E  C  H  I  W  S  G  N  S  N
C  H  O  J  N  O  R  T  K  E  L  E  T  I  T  J
J  A  R  I  N  R  A  E  L  K  U  N  A  I  J  E
J  N  M  M  X  P  K  W  N  U  V  M  Đ  T  F  E
K  I  U  E  X  D  U  H  M  M  O  E  F  Đ  O  A
D  K  L  H  A  O  S  J  W  O  N  G  V  O  S  M
W  A  A  J  I  C  A  T  I  V  A  R  G  Q  K  J
```

UBRZANJE
ATOM
HAOS
HEMIJSKI
GUSTINA
ELEKTRON
PROŠIRENJE
FORMULA
UČESTALOST
GAS

GRAVITACIJA
MAGNETIZAM
MEHANIKA
MOLEKULA
MOTOR
NUKLEARNI
ČESTICA
RELATIVNOST
UNIVERZALNI
BRZINA

39 - Agronomia

```
P  Đ  J  R  T  H  Z  M  Y  M  Z  F  N  Z  E  I
M  R  R  A  A  N  A  R  H  M  N  L  A  E  N  S
Q  A  O  J  U  S  Y  G  Đ  Đ  N  L  U  M  E  T
F  L  V  I  Y  I  T  S  E  L  O  B  K  L  R  R
B  R  I  G  Z  S  P  P  D  M  A  U  A  J  G  A
B  T  R  O  J  V  W  P  V  O  D  A  C  A  I  Ž
U  I  B  L  Đ  Đ  O  V  E  M  E  J  S  E  J  I
O  E  U  O  L  W  C  D  J  F  X  I  D  R  A  V
J  R  Đ  K  Q  O  B  T  N  Q  J  D  M  O  X  A
O  M  G  E  Q  U  A  V  E  J  Y  U  O  Z  R  N
Đ  O  K  A  O  T  S  T  Ž  G  A  T  D  I  H  J
R  J  A  L  N  E  U  J  U  A  Y  S  R  J  K  E
J  A  A  J  R  S  K  W  R  J  C  X  Ž  A  S  I
S  E  O  S  K  I  K  S  K  U  E  Đ  I  E  Y  E
M  F  V  X  P  G  Q  I  O  S  J  H  V  U  L  G
Z  A  G  A  Đ  E  N  J  E  I  I  E  O  P  Đ  C
```

VODA	ORGANSKI
OKRUŽENJE	PROIZVODNJA
HRANA	ISTRAŽIVANJE
RAST	SEOSKI
EKOLOGIJA	NAUKA
ENERGIJA	SJEME
EROZIJA	ODRŽIVO
ĐUBRIVO	STUDIJA
ZAGAĐENJE	ZEMLJA
BOLESTI	

40 - Erboristeria

```
O  I  A  W  L  Q  B  R  Č  K  O  M  O  R  A  Č
M  R  Q  W  B  S  A  O  L  E  S  J  X  Đ  T  K
E  A  I  C  B  V  S  S  O  S  Š  W  K  Q  Š  V
S  D  R  G  H  W  I  E  F  E  Y  N  A  V  A  A
T  N  T  J  A  K  L  M  B  Đ  L  S  J  I  B  L
R  A  G  Đ  O  N  E  A  T  N  E  M  O  A  I  I
A  V  O  K  J  R  O  R  Z  O  Z  T  T  W  K  T
G  A  L  G  S  C  A  Y  E  C  D  S  S  U  S  E
O  L  L  I  D  P  B  M  L  O  R  R  A  V  T
N  A  R  F  A  Š  I  K  E  I  W  H  S  L  A  T
C  V  I  J  E  T  F  U  N  U  Š  R  E  P  N  I
H  O  N  C  I  T  A  M  O  R  A  I  C  M  I  M
Y  M  T  C  A  P  Y  X  M  T  N  K  P  P  L  I
H  X  L  X  K  H  N  H  T  A  S  J  D  B  U  J
I  Y  W  I  A  E  Y  Q  L  L  B  Y  Z  J  K  A
Y  A  Y  K  E  R  H  D  I  W  T  K  I  I  O  N
```

ČEŠNJAK
DILL
AROMATICNO
BASILE
KULINARSKI
ESTRAGON
KOMORAČ
CVIJET
BAŠTA
SASTOJAK

LAVANDA
MARJORAM
MENTA
ORIGANO
PERŠUN
KVALITET
ROSEMARY
TIMIJAN
ZELENO
ŠAFRAN

41 - Biologia

```
P  R  I  R  O  D  N  O  S  C  Đ  T  H  M  W  L
S  W  L  P  Z  X  E  X  S  R  H  T  O  U  A  F
N  I  W  N  J  W  G  R  M  O  T  K  R  T  J  T
K  A  M  F  T  K  A  Z  O  M  S  O  M  A  I  O
V  Q  V  B  R  R  L  E  N  Z  I  M  O  C  C  U
U  F  T  Z  I  M  O  P  E  R  N  F  N  I  U  X
O  S  M  E  Z  O  K  X  R  J  R  E  B  J  L  Y
D  Z  D  E  P  C  Z  Y  Y  O  A  O  R  A  O  C
Đ  M  C  N  M  L  D  A  H  Đ  T  A  H  V  V  D
A  N  A  T  O  M  I  J  A  P  V  E  C  D  E  R
F  O  T  O  S  I  N  T  E  Z  A  J  I  L  E  Ć
G  I  B  S  O  M  O  D  B  A  G  L  U  N  V  X
O  R  H  I  M  F  R  E  G  M  P  E  V  M  Q  Z
S  B  X  S  O  N  U  F  Z  G  B  T  Q  I  B  U
G  M  J  A  R  O  E  B  A  K  T  E  R  I  J  E
M  E  D  R  H  Z  N  S  Y  N  A  P  S  E  N  M
```

ANATOMIJA	MUTACIJA
BAKTERIJE	PRIRODNO
ĆELIJA	NERVE
KOLAGEN	NEURON
HROMOSOM	HORMON
EMBRION	OSMOZA
ENZIM	PROTEIN
EVOLUCIJA	GMAZ
FOTOSINTEZA	SIMBIOZA
SISAR	SYNAPSE

42 - Attività Commerciale

```
A  P  Đ  A  B  O  R  T  V  B  F  X  Z  N  M  G
F  R  B  C  O  K  R  O  I  A  A  R  C  X  Z  C
I  O  U  I  Q  R  N  Z  D  I  B  Q  G  T  T  N
R  D  D  N  O  V  A  C  S  L  R  P  P  H  M  S
M  A  Ž  V  J  S  Y  J  B  T  I  F  O  R  P  Z
A  J  E  A  Đ  Đ  Y  Q  I  Z  K  S  X  W  Y  A
:  A  T  D  W  S  R  A  Z  M  A  E  Đ  U  Y  P
W  T  S  O  K  Z  G  N  L  A  O  J  H  Y  Đ  O
C  S  U  R  K  L  Z  O  X  J  Z  N  S  U  H  S
G  F  P  P  K  A  R  I  J  E  R  A  O  F  O  L
N  R  O  A  V  M  W  W  U  J  B  G  P  K  H  E
S  P  P  V  A  L  U  T  A  R  Đ  A  R  T  E  N
T  R  A  N  S  A  K  C  I  J  A  L  I  I  G  I
P  O  S  L  O  D  A  V  A  C  Z  U  H  U  C  P
K  A  N  C  E  L  A  R  I  J  A  M  O  A  J  G
F  I  N  A  N  S  I  J  E  A  U  A  D  T  O  C
```

BUDŽET	PRODAVNICA
KARIJERA	PROFIT
KOST	PRIHOD
POSLODAVAC	POPUST
ZAPOSLENI	FIRMA:
EKONOMIJA	NOVAC
FABRIKA	TRANSAKCIJA
FINANSIJE	KANCELARIJA
ULAGANJE	VALUTA
ROBA	PRODAJA

43 - Fiori

```
Q I V I H E J Y D K X P O L P C
W U B M H G Z U X I N R R P A L
T R A T I N Č I C A G G H P S O
H E J A S M I N E A B U I E S V
F I R J O R G O V A N U D O I E
U S B K M A S L A Č A K E N O R
N K Đ I O L I L Y N D R J Y N H
P U S Z S C X Z D F A Đ A P F O
G L P M A K N K A Q D R J P L W
A I U W Y I U U J O F Đ I O O B
R D J M L J L S S Đ T Đ L P W B
D O S W E L A V A N D A O I E U
E F F J W R Đ Đ Q F R P N L R K
N F M G O V I P E T A L G U K E
I A V C Y B Y A Z Y S O A T G T
A D V S Z E D E N I C N M M S L
```

MASLAČAK
GARDENIA
JASMINE
LILY
SUNCOKRET
HIBISKUS
LAVANDA
JORGOVAN
MAGNOLIJA
TRATINČICA

BUKET
DAFFODIL
ORHIDEJA
POPPY
PASSIONFLOWER
PEONY
PETAL
PLUMERIA
CLOVER
TULIP

44 - Filantropia

```
K  P  E  I  Y  K  P  R  O  G  R  A  M  I  T  V
R  C  E  C  B  N  O  N  L  A  B  O  L  G  S  E
Q  I  Z  X  T  S  O  N  Č  E  J  V  O  Č  F  L
Q  P  H  X  B  G  J  L  T  S  O  D  A  L  M  I
I  Z  A  Z  O  V  I  E  K  A  C  E  J  D  D  K
N  Q  D  Z  M  N  U  K  F  X  K  P  I  R  O  O
P  D  S  C  E  M  G  F  U  S  Y  T  S  C  N  D
O  Y  Y  I  V  E  J  L  I  C  G  T  I  C  I  U
I  S  K  R  E  N  O  S  T  N  Y  D  M  M  R  Š
G  D  M  G  Z  K  N  K  Đ  T  A  P  T  C  A  N
E  P  U  R  G  Q  V  M  G  A  K  N  U  C  T  O
I  T  X  J  W  C  A  J  I  R  O  T  S  I  I  S
M  N  Z  U  L  J  J  B  L  S  C  O  K  I  H  T
Z  A  J  E  D  N  I  C  A  A  I  C  D  R  J  R
L  M  N  K  C  S  R  E  D  S  T  V  A  Đ  O  E
Y  B  E  Q  H  G  C  H  A  R  I  T  Y  P  C  L
```

DJECA
CHARITY
ZAJEDNICA
KONTAKTI
DONIRATI
FINANSIJE
SREDSTVA
VELIKODUŠNOST
MLADOST
GLOBALNO

GRUPE
MISIJA
CILJEVI
ISKRENOST
LJUDI
PROGRAMI
JAVNO
IZAZOVI
ISTORIJA
ČOVJEČNOST

45 - Ecologia

```
B N C Đ P D L Y T M K C V G Z G
U J F X L V J E D A W P V L M Y
S X E Đ A O N D O R I R P O Y R
K U T C N Z Q P M S Y O E B Q T
D L Š R I T Y R C H S M C A Z Q
T H I A N B R I R E T N O L O V
U P N M E H Y R U G W B X N R M
N F A Q A F L O V I Ž R D O E A
M H T N O X K D D T U X V L S R
Đ Q S K K A N A T S P O R J U I
Z A J E D N I C E B X H S U R N
F L O R A U N I P X I I T P S E
W R S I J A Y N W B C L A E I H
H Y C Z F F L D C P D G J H V A
R A Z N O L I K O S T E K K H B
V E G E T A C I J A V R G Y E J
```

KLIMA
ZAJEDNICE
RAZNOLIKOST
FAUNA
FLORA
GLOBALNO
STANIŠTE
MARINE
PLANINE
PRIRODA

PRIRODNO
MARSH
BILJKE
RESURSI
SUŠA
OPSTANAK
ODRŽIVO
VRSTA
VEGETACIJA
VOLONTERI

46 - Discipline Scientifiche

```
I  N  N  E  U  R  O  L  O  G  I  J  A  A  T  Q
L  C  S  O  C  I  O  L  O  G  I  J  A  J  F  V
C  C  X  T  E  R  M  O  D  I  N  A  M  I  K  A
F  I  Z  I  O  L  O  G  I  J  A  A  W  G  K  K
G  A  K  A  J  I  G  O  L  O  K  E  N  O  B  I
V  N  I  K  Đ  A  N  T  J  A  I  B  T  L  S  N
H  T  Q  I  X  J  J  R  W  J  N  L  D  O  F  A
B  E  M  T  R  I  O  L  Đ  I  A  B  Đ  N  S  T
I  V  M  S  F  M  N  E  J  G  H  N  N  U  T  O
O  A  J  I  G  O  L  O  R  O  E  T  E  M  J  B
L  A  S  V  J  T  Đ  Đ  I  L  M  N  B  I  Y  F
O  W  Q  G  B  A  J  I  M  O  N  O  R  T  S  A
G  J  N  N  K  N  M  P  Đ  E  N  X  U  N  P  M
I  C  O  I  Đ  A  Y  W  F  H  H  H  P  X  W  O
J  W  C  L  V  N  U  F  N  R  D  Đ  D  H  Z  V
A  I  T  M  M  I  N  E  R  A  L  O  G  I  J  A
```

ANATOMIJA	IMUNOLOGIJA
ARHEOLOGIJA	LINGVISTIKA
ASTRONOMIJA	MEHANIKA
BIOLOGIJA	METEOROLOGIJA
BOTANIKA	MINERALOGIJA
HEMIJA	NEUROLOGIJA
EKOLOGIJA	SOCIOLOGIJA
FIZIOLOGIJA	TERMODINAMIKA

47 - Scienza

```
Đ H M O T A L L R V Đ F T P T E
L I S O F O P O T S R H K R S K
A P J C L H A C I N E J N I Č S
H O I D K E V Y D M Y A K R N P
E T W H A K K W K D E N K O D E
M E I M O J M U L W C T T D E R
I Z K A Q L U F L N I M O A V I
J A R L C I P Q A E T X O D M M
S K K V I B I R M O S B D M A E
K I T X D M F J Đ J E L P C Z N
I Z S Y A J A K I N Č U A N I T
L I P O D A C I U J Y J S R N O
K F L A B O R A T O R I J A A H
Đ S K V I E V O L U C I J A G Z
M I N E R A L I W Đ M F L D R E
G R A V I T A C I J A U D E O P
```

ATOM	HIPOTEZA
HEMIJSKI	LABORATORIJA
KLIMA	METODA
PODACI	MINERALI
EKSPERIMENT	MOLEKULE
EVOLUCIJA	PRIRODA
ČINJENICA	ORGANIZAM
FIZIKA	ČESTICE
FOSIL	BILJKE
GRAVITACIJA	NAUČNIK

48 - Imbarcazioni

```
M I W C Y P G P J W Z I X O X Y
O R E Z E J O Y L H P M T C J M
R O D Ž I O F S A I K K R E E K
E T L U U W W V A T M Y A A D Y
H O B L E I H I T D U A J N R M
Y M S P L A V T H L A E E J I S
M Z F P W K U R A T C H K W L K
H Q U Q W T K I J Q T N T Y I W
Y V X Q G R A J V X Z B T O C R
L M Z D K C N E I K Č I T U A N
J A R B O L U K S A I E H B M D
M F R U U Đ S A A J E Z P T O Z
U Z J W E S X Y L A O O X P R E
P Z T A V Q H K A K I W O G N Q
S I D R O D O U T A T H M A A F
Q M O P W Z Y E T H A V M R R V
```

JARBOL	MORE
SIDRO	PLIMA
JEDRILICA	MORNAR
BUOY	MOTOR
KANU	NAUTIČKI
UŽE	OCEAN
POSADA	TALASI
RIJEKA	TRAJEKT
KAJAK	JAHTA
JEZERO	SPLAV

49 - Chimica

```
T  Đ  E  M  Y  E  O  X  U  Z  Q  M  V  E  T  O
K  G  N  O  R  T  K  E  L  E  Z  Đ  S  X  O  R
U  D  R  M  N  E  K  R  Đ  O  W  V  I  J  P  G
N  G  A  H  L  Ž  M  O  L  E  K  U  L  A  L  A
I  K  L  P  R  I  I  T  V  Y  Q  F  N  T  O  N
X  M  A  J  A  N  L  A  K  L  A  Z  U  E  T  S
L  V  X  M  I  A  J  Z  K  A  M  D  K  M  A  K
B  O  S  X  K  K  O  I  I  R  C  Z  L  P  T  I
C  S  J  Đ  S  X  B  L  S  V  Z  I  E  E  C  W
R  U  O  H  M  Đ  H  A  E  S  Q  V  A  R  G  I
C  A  J  C  O  L  C  T  L  K  E  H  R  A  A  Y
V  H  T  Z  T  G  V  A  I  A  B  L  N  T  S  B
G  O  G  C  A  C  S  K  N  O  I  O  I  U  O  E
S  O  D  E  N  Z  I  M  A  P  X  R  A  R  Z  A
E  T  C  I  M  Q  L  I  Q  U  I  D  A  A  S  A
I  J  H  T  K  K  S  A  H  K  I  S  I  K  Đ  K
```

KISELINA
ALKALNA
ATOMSKI
TOPLOTA
UGLJIK
KATALIZATOR
HLOR
ELEKTRON
ENZIM
GAS

VODIK
ION
LIQUID
MOLEKULA
NUKLEARNI
ORGANSKI
KISIK
TEŽINA
SO
TEMPERATURA

50 - Api

```
D  N  S  C  X  P  F  O  Z  C  D  E  M  I  D  W
P  O  P  L  A  E  K  O  S  I  S  T  E  M  T  W
Z  O  A  U  W  C  I  P  A  J  Q  Š  Ć  V  N  I
P  O  L  E  N  R  I  U  W  E  K  I  O  A  I  F
J  L  J  C  R  A  Q  J  B  K  Y  N  V  W  N  H
T  I  H  N  P  Z  J  C  L  H  F  A  X  O  M  K
L  O  N  U  R  N  N  V  O  A  Y  T  C  I  B  R
H  G  F  S  M  O  H  I  S  M  R  S  B  X  Q  I
U  R  J  Z  V  L  V  J  S  C  X  K  O  Y  U  L
G  C  A  P  X  I  Y  E  O  N  S  I  R  O  K  A
O  D  E  N  J  K  O  Ć  M  V  O  B  L  V  Đ  S
O  L  C  P  A  O  J  E  C  E  C  A  K  Z  D  V
R  E  O  I  M  S  N  V  P  N  U  Š  R  C  T  K
Y  I  F  W  R  T  K  E  S  N  I  T  O  Đ  P  S
Y  L  R  E  B  I  L  J  K  E  Z  A  J  O  W  M
B  Đ  R  Z  B  K  Q  Q  A  X  M  A  L  K  B  H
```

KRILA	DIM
HIVE	BAŠTA
KORISNO	STANIŠTE
WAX	INSEKT
HRANA	MED
RAZNOLIKOST	BILJKE
EKOSISTEM	POLEN
CVIJEĆE	KRALJICA
BLOSSOM	ROJ
VOĆE	SUNCE

51 - Strumenti Musicali

```
T M C Đ T O G A F V P L P P N X
A R B X X B B P P I B A N J O K
Z X U S W D E O M O V T Đ O O B
K G U B T U R L E L T U T C R E
C W K J A N T E N I R A L K K R
M A R I M B A Č S N B L T H R K
U G O N G C L L G U P F P A B V
D B G O I T G Đ A R X W M R S N
A U S B S O I Z N A R U B M A T
R B E M K L A V I R A F A O K H
A A I O T L X F L A Z U B N S Y
L N B R I C H Z O T G H P I O D
J J N T I K O O D I K T M K F W
K V X S K Z Đ P N G E T T A O V
E J I S W T S N A R L H U P N V
H C L X Y Y E W M P U Z U B Z G
```

HARMONIKA	OBOE
HARP	UDARALJKE
BANJO	KLAVIR
GITARA	SAKSOFON
KLARINET	TAMBURA
FAGOT	BUBANJ
FLAUTA	TRUBA
GONG	TROMBON
MANDOLINA	VIOLINU
MARIMBA	ČELO

52 - Professioni #2

```
O  R  S  K  B  W  T  U  A  N  O  R  T  S  A  Z
G  O  L  O  O  Z  C  M  Č  H  R  Q  O  Q  R  N
J  T  T  J  Y  J  L  E  T  I  Ž  A  R  T  S  I
G  A  Z  F  B  S  E  R  J  F  T  B  H  Y  Y  J
F  R  J  D  O  K  T  O  R  O  Z  E  Đ  H  G  K
I  T  L  W  Đ  B  E  T  X  Z  H  U  L  F  Z  Đ
N  S  E  Đ  C  A  R  S  Y  O  I  D  B  J  K  V
O  U  T  S  I  V  G  N  I  L  R  B  F  A  C  T
V  L  I  R  F  J  O  T  O  I  B  Đ  Z  R  P
I  I  M  A  A  B  L  B  T  F  R  U  B  R  A  I
N  O  U  L  R  Ž  O  Z  M  I  G  R  H  Đ  K  L
A  H  Z  T  G  B  I  R  E  J  N  E  Ž  N  I  O
R  Z  I  R  O  U  B  V  B  R  B  A  D  G  L  T
D  N  X  V  T  O  D  Z  A  E  O  L  K  N  S  X
M  C  I  J  O  Q  A  P  J  Č  Đ  H  C  C  K  L
X  E  U  N  F  B  I  B  L  I  O  T  E  K  A  R
```

ASTRONAUT
BIBLIOTEKAR
BIOLOG
HIRURG
ZUBAR
FILOZOF
FOTOGRAF
VRTLAR
NOVINAR
ILUSTRATOR

INŽENJER
UČITELJ
IZUMITELJ
ISTRAŽITELJ
LINGVIST
DOKTOR
PILOT
SLIKAR
ISTRAŽIVAČ
ZOOLOG

53 - Letteratura

```
P  H  U  U  Ž  R  E  J  N  E  Đ  E  R  O  P  I
W  Q  W  Đ  J  A  J  I  F  A  R  G  O  I  B  F
J  K  I  K  F  J  N  A  M  O  R  O  Z  Đ  C  J
G  Z  L  T  C  I  E  R  J  Đ  X  P  Q  J  Z  A
X  E  D  B  P  G  J  C  V  T  N  I  Đ  X  I  U
R  D  Q  B  D  O  L  I  T  S  D  S  R  N  K  T
M  I  U  O  R  L  Š  A  N  E  G  D  O  T  A  O
T  E  T  O  H  A  I  D  I  J  A  L  O  G  Č  R
R  O  T  A  I  N  M  L  B  A  M  I  R  F  U  Đ
A  A  W  A  M  A  M  E  T  E  E  X  H  X  J  P
G  B  F  K  F  Đ  M  C  B  Z  O  U  R  C  L  I
E  N  F  I  V  O  B  H  C  O  P  B  O  Q  K  M
D  O  O  T  B  R  R  S  Đ  T  U  H  O  G  A  R
I  V  F  E  M  P  J  A  Z  I  L  A  N  A  Z  C
J  D  T  O  W  M  J  P  Q  H  E  T  F  F  N  D
A  P  O  P  J  U  D  R  S  G  L  H  A  Đ  B  S
```

ANALIZA
ANALOGIJA
ANEGDOTA
AUTOR
BIOGRAFIJA
ZAKLJUČAK
POREĐENJE
OPIS
DIJALOG
ŽANR

METAFORA
MIŠLJENJE
POEMA
POETIKA
RIMA
RITAM
ROMAN
STIL
TEMA
TRAGEDIJA

54 - Cibo #2

```
R  J  N  X  B  Č  W  L  Z  E  G  Y  L  U  Q  X
I  I  A  F  R  O  I  H  V  Q  X  Đ  A  P  I  H
S  U  B  C  O  K  S  W  W  S  N  X  V  U  O  M
Đ  I  T  A  K  O  O  Z  A  L  Q  Z  O  E  R  U
D  P  G  J  U  L  H  J  J  A  B  U  K  A  K  E
R  Y  C  N  L  A  N  A  N  A  B  T  Y  F  V  C
A  O  E  Š  A  D  A  D  C  Ž  A  C  R  E  C  W
Š  H  K  E  Y  A  Ž  A  V  I  J  L  G  D  Đ  T
O  U  Z  R  P  U  D  R  Z  R  N  C  E  L  E  R
K  R  N  T  N  J  I  A  G  T  Z  E  J  A  J  U
O  K  F  K  E  Đ  L  P  F  O  P  Đ  Š  Z  C  G
K  O  R  K  A  N  T  Z  D  K  N  Ž  U  P  A  O
N  K  X  Z  L  Y  A  P  B  Đ  L  O  V  B  F  J
S  I  B  F  L  B  P  A  I  I  I  R  T  S  K  C
Z  V  U  F  Q  G  G  M  L  J  R  G  V  Q  I  B
L  I  I  M  W  P  O  B  I  Z  Z  X  V  K  K  L
```

BANANA	KRUH
BROKULA	RIBA
TREŠNJA	KOKOŠ
ČOKOLADA	PARADAJZ
SIR	ŠUNKA
GLJIVA	RIŽA
PŠENICA	CELER
KIVI	JAJE
JABUKA	GROŽĐE
PATLIDŽAN	JOGURT

55 - Nutrizione

```
Z  I  Q  V  A  Đ  Z  S  M  Q  C  D  U  I  L  S
H  U  R  I  M  P  F  Đ  N  A  B  B  E  I  X  W
F  M  T  R  E  P  E  T  Z  F  G  Y  U  Đ  U  H
J  O  X  C  E  R  J  T  M  A  S  E  K  R  Y  G
R  X  B  Đ  X  O  I  N  I  G  Č  M  U  A  I  P
K  A  R  O  G  B  R  E  N  T  N  I  S  K  O  T
S  V  I  T  J  A  O  I  I  T  S  O  N  Č  E  T
O  T  A  B  H  V  L  R  E  K  V  V  A  I  Z  T
S  E  K  L  N  A  A  T  T  L  O  I  L  U  D  X
Z  Ž  Q  T  I  H  K  U  O  I  I  T  A  Y  R  E
E  I  Z  W  M  T  F  N  R  F  E  S  B  Đ  A  V
D  N  D  A  A  L  E  Đ  P  Z  R  E  S  I  V  Z
N  A  R  D  T  S  T  T  R  P  P  J  R  H  L  A
T  X  A  Y  I  W  N  Y  S  Y  U  S  D  Đ  J  S
I  Q  V  R  V  A  Q  D  I  J  E  T  A  M  E  I
L  N  W  B  F  E  R  M  E  N  T  A  C  I  J  A
```

GORAK	NUTRIENT
APETIT	TEŽINA
BALANS	PROTEINI
KALORIJE	KVALITET
JESTIVO	SOS
DIJETA	ZDRAVLJE
PROBAVA	ZDRAV
FERMENTACIJA	ZAČINI
UKUS	TOKSIN
TEČNOSTI	VITAMIN

56 - Matematica

```
P  J  K  D  B  H  F  V  Q  U  X  O  X  M  D  S
A  E  P  V  W  M  E  M  U  K  J  X  S  U  S  I
R  D  A  P  A  Y  G  X  M  I  V  O  L  G  U  M
A  N  R  E  M  D  I  G  P  N  N  L  M  M  J  E
L  A  A  R  U  M  R  G  V  O  I  I  Q  A  I  T
E  Č  L  I  S  O  L  A  Q  A  N  V  U  J  D  R
L  I  E  M  U  L  O  V  T  G  L  E  B  I  A  I
O  N  L  E  W  Đ  Y  Đ  R  U  A  J  N  R  R  J
G  A  N  T  F  M  Y  Y  F  O  M  O  S  T  W  A
R  P  O  A  Z  I  Z  R  I  V  I  R  O  E  G  T
A  X  J  R  M  G  X  P  V  A  C  B  D  M  B  H
M  M  Q  W  I  P  H  X  O  R  E  O  G  O  W  D
D  I  A  M  E  T  E  R  P  P  D  B  Y  E  K  Z
A  R  I  T  M  E  T  I  K  A  X  I  I  G  A  Z
W  J  P  O  L  I  G  O  N  H  K  M  Z  Y  Z  L
M  J  P  V  V  S  T  R  O  U  G  A  O  Đ  Q  W
```

UGLOVI	PARALELOGRAM
ARITMETIKA	PERIMETAR
OBIM	POLIGON
DECIMALNI	KVADRAT
DIAMETER	RADIJUS
JEDNAČINA	PRAVOUGAONIK
EXPONENT	SIMETRIJA
GEOMETRIJA	SUMA
BROJEVI	TROUGAO
PARALELNO	VOLUME

57 - Meditazione

```
R O F Q U M V Q V D M Đ R T P T
A S E F V W I T W B B A W W R I
Z K J G I K P S G I Đ K I L I Š
U Q I L D N Đ O L L K M A J H I
M M C Z I X C N B I Z K U E V N
L I O G U V B L Y O A Z O V A A
M R M R K M N A D U B T I G T C
X Y E Y R V C V Z B I Y Y K A K
B M X U P J Q H Q T M V J S N Y
Q A G R E J N A S I D A W V J H
P Ć B V H K R Z C U Q H P V E E
N O N L A T N E M P R I R O D A
G N K A J R H F U W W L D Q Y X
Z S X R D Y K Y S Q I N G X U M
Q A J N E Č U P A Ž N J A P Q A
Q J A V I T K E P S R E P T O Q
```

PRIHVATANJE	POKRET
PAŽNJA	MUZIKA
JASNOĆA	PRIRODA
EMOCIJE	MIR
ZAHVALNOST	MISLI
UČENJA	PERSPEKTIVA
UVID	DISANJE
MENTALNO	TIŠINA
RAZUM	BUDAN

58 - Elettricità

```
V S C S O C K E T K D L V A R P
H H X O N D N E G A T I V N O O
S U Ž I B P Y U X H F N N I T Z
Q W A I G J P H R C O X J Č A I
Z N J Y C Q E M A G N E T I R T
X P I O P E L K B O M R C L E I
R Q Z P A R S N T Y Q Q K O N V
C O I I V R K R X I F O S K E N
C J V O R Đ L B A K M D J V G O
M R E Ž A G A J I R E T A B Q F
J C L Q C K D H A M E R P O Y D
L Z E O A C I L A J I S M W V D
N T T X I U Š L K T Q Q A D X I
K R A Č I R T K E L E Z L L E W
P K I C M V E T E L E F O N G M
E L E K T R I Č N I V W L H S V
```

OPREMA
BATERIJA
KABL
SKLADIŠTE
ELEKTRIČAR
ELEKTRIČNI
ŽICE
GENERATOR
LAMPA
SIJALICA

LASER
MAGNET
NEGATIVNO
OBJEKTI
POZITIVNO
SOCKET
KOLIČINA
MREŽA
TELEFON
TELEVIZIJA

59 - Antiquariato

```
V  S  F  D  A  N  A  J  T  S  H  S  G  G  Y  E
D  T  L  Z  O  G  R  K  S  A  T  A  M  Đ  R  L
O  A  M  F  N  P  U  V  O  N  S  A  R  K  U  E
N  R  Y  X  Č  N  T  A  N  E  O  J  N  Đ  T  G
Y  A  C  K  I  M  P  L  D  J  N  I  S  J  N  A
J  T  M  S  T  I  L  I  E  I  T  R  A  S  E  N
C  V  I  J  N  G  U  T  J  C  E  E  Đ  Y  C  T
Y  D  T  R  E  G  K  E  I  A  J  L  X  O  G  A
K  Y  J  E  T  Š  S  T  R  W  M  A  F  N  T  N
I  O  Y  J  U  S  T  D  V  L  U  G  I  Č  M  U
D  X  V  N  A  M  V  A  D  E  C  E  N  I  J  E
G  L  N  A  W  Y  V  M  J  M  E  C  U  B  C  L
B  Y  X  G  N  A  U  K  C  I  J  A  V  O  N  Đ
E  H  Q  A  J  I  C  A  R  U  A  T  S  E  R  Y
J  L  E  L  B  E  C  B  O  V  H  H  O  N  Q  Z
D  C  A  U  O  Z  P  E  U  M  O  E  N  X  S  R
```

UMJETNOST	NAMJEŠTAJ
AUKCIJA	KOVANICE
AUTENTIČNO	CIJENA
STANJE	KVALITET
DECENIJE	RESTAURACIJA
UKRASNO	SKULPTURA
ELEGANTAN	CENTURY
GALERIJA	STIL
NEOBIČNO	VRIJEDNOST
ULAGANJE	STAR

60 - Fotografia

```
T  R  A  S  V  J  E  T  A  D  F  B  E  Q  W  M
Y  E  Đ  H  D  H  E  H  J  E  N  E  J  S  S  T
E  M  K  H  X  C  P  J  O  F  L  H  P  I  A  A
V  Đ  Y  S  H  O  Z  A  B  I  Y  T  P  S  S  W
K  H  T  A  T  F  P  X  M  N  P  I  I  I  T  A
F  I  N  L  E  U  Z  I  V  I  S  F  Đ  R  A  V
O  B  J  E  K  T  R  V  W  C  I  W  W  I  V  I
C  R  N  A  R  E  M  A  K  I  F  O  R  M  A  T
X  A  A  E  O  J  Đ  O  O  J  P  Q  T  A  Đ  K
Y  K  S  J  Y  J  R  M  K  A  R  W  U  A  C  E
D  K  Q  C  T  E  X  E  V  L  E  V  Q  O  G  P
I  Q  F  Y  F  Y  E  K  I  V  D  T  A  M  A  S
K  T  H  R  U  U  X  Š  R  S  M  R  H  A  V  R
I  V  M  X  Z  E  P  A  J  A  E  L  Y  Đ  U  E
J  V  E  N  L  D  X  T  E  R  T  R  O  P  N  P
I  Z  L  O  Ž  B  A  I  K  O  N  T  R  A  S  T
```

OMEKŠATI	CRNA
TAMA	OBJEKT
BOJA	SJENE
SASTAV	PERSPEKTIVA
KONTRAST	PORTRET
OKVIR	PREDMET
DEFINICIJA	KAMERA
IZLOŽBA	TEKSTURA
FORMAT	VIZUELNI
RASVJETA	

61 - Escursionismo

```
B  Y  E  Z  M  G  U  L  N  Q  R  F  L  F  T  H
Y  O  A  Z  I  M  S  U  N  C  E  J  U  C  E  K
X  O  S  Q  Z  D  Z  W  P  F  Đ  Đ  H  T  Š  A
O  D  J  Q  Y  U  O  X  R  T  F  E  C  C  K  M
P  R  I  P  R  E  M  A  D  O  R  I  R  P  A  P
L  A  N  I  N  A  L  P  A  I  V  J  L  M  D  I
P  A  R  K  O  V  I  A  Y  I  O  L  N  C  O  R
U  L  K  P  F  K  T  M  E  E  D  V  S  B  V  A
P  U  H  Q  C  A  S  M  T  V  I  I  A  J  K  N
C  E  J  N  I  T  O  V  I  Ž  Č  D  M  J  A  J
U  M  O  R  A  N  N  Y  B  V  I  W  I  V  M  E
F  N  Z  F  M  K  S  K  H  B  J  F  T  U  E  M
T  S  A  J  I  C  A  T  N  E  J  I  R  O  N  Z
W  V  H  P  L  K  P  J  F  W  A  Z  D  K  J  I
V  J  P  C  K  C  O  Q  Y  Z  Z  P  S  Q  E  Č
Đ  S  G  A  R  P  P  U  Q  Y  G  G  U  L  Z  D
```

VODA
ŽIVOTINJE
KAMPIRANJE
KLIMA
VODIČI
MAPA
PLANINA
PRIRODA
ORIJENTACIJA
PARKOVI

OPASNOSTI
TEŠKA
KAMENJE
PRIPREMA
CLIFF
DIVLJI
SUNCE
UMORAN
ČIZME
SAMIT

62 - Professioni #1

```
V N R E C N A D R Đ Y H C M M J
E C A V O L F P L Q N C W O U O
T Z T U V H G O L O E G I R Z Z
E T A O Č T R E N E R O K N I M
R S L N A N S A Z D X L A A Č F
I I Z L W X I K R M S O E R A K
N N E Đ Y M C K P W B H H O R H
A A L W K U M J E T N I K T A P
R J M X T F Y Z H Đ Q S J K K A
Z I M B U X Y N U O I P Y O N D
E P U E A C I E Đ R N Đ N D A V
Đ X V E Y S E Z Q T E X F J B O
C D I Z Z P A A I S J D X R U K
Y K N G L C G D C E F G N L Q A
A S T R O N O M O S A O K I E T
K A R T O G R A F R V E Đ O K J
```

TRENER
AMBASADOR
UMJETNIK
ASTRONOM
ADVOKAT
DANCER
BANKAR
LOVAC
KARTOGRAF
UREDNIK

GEOLOG
ZLATAR
SESTRO.
MORNAR
DOKTOR
MUZIČAR
PIJANIST
PSIHOLOG
NAUČNIK
VETERINAR

63 - Antartide

```
G  V  O  D  A  E  S  Y  A  B  D  V  Q  E  U  O
E  J  N  E  Ž  U  R  K  O  K  I  T  O  V  I  Č
O  J  Đ  W  S  Đ  R  C  Q  Q  N  N  I  E  N  U
G  T  N  U  B  B  V  O  Q  A  Č  E  S  K  P  V
R  O  C  A  S  S  Đ  R  C  Y  U  N  T  S  O  A
A  P  O  R  V  J  W  L  G  L  A  I  R  P  L  N
F  O  T  U  G  I  Z  E  C  G  N  T  A  E  U  J
I  G  C  T  M  L  Ž  D  G  Z  U  N  Ž  D  O  E
J  R  Z  A  L  I  E  A  S  S  H  O  I  I  T  F
A  A  O  R  I  H  G  Č  R  E  W  K  V  C  O  V
T  F  B  E  C  F  Q  R  E  T  E  S  A  I  K  V
B  I  J  P  Z  A  U  R  A  R  S  M  Č  J  Z  N
G  J  Y  M  X  T  L  Z  Z  C  I  I  Z  A  A  L
N  A  B  E  O  B  L  A  C  I  I  D  E  X  A  E
E  Z  F  T  I  G  P  P  M  K  K  J  A  S  U  P
M  I  N  E  R  A  L  I  P  H  X  I  A  G  Y  T
```

VODA	MIGRACIJA
OKRUŽENJE	MINERALI
BAY	OBLACI
KITOVI	POLUOTOK
OČUVANJE	ISTRAŽIVAČ
KONTINENT	ROCKY
ISTRAŽIVANJE	NAUČNI
GEOGRAFIJA	EKSPEDICIJA
GLEČERI	TEMPERATURA
LED	TOPOGRAFIJA

64 - Libri

```
W P N T T J G R L H S H B H A H
H Đ M O N T R P E X A B I I U U
Z E Z Z O S R O T A R A N S T M
E Z I B I Q W N M R U J T T O O
Q A M E S X Z Č Č A T I Č O R R
E F E J R T T I I M N R L R G A
U P I S E K R G B O A E I I S N
N F S A M O U A O N V S G J Đ M
X K G K I N F R N V A C D S R C
M N H R I T Đ T V I Z J Y K F T
P A J I Z E O P E T C P N I D W
Y A M B R K D T Ž N Đ A Č I R P
M P F Z L S U B I E U W H M R X
H M E P P T K F J V R L G M O D
N A P I S A N O N N G I N G P R
D U A L I T E T K I A S Đ A W T
```

AUTOR
AVANTURA
ZBIRKA
KONTEKST
DUALITET
EPSKI
IMERSION
INVENTIVNO
KNJIŽEVNO
ČITAČ

NARATOR
STRANICA
POEZIJA
ROMAN
NAPISANO
SERIJA
PRIČA
HISTORIJSKI
TRAGIČNO
HUMORAN

65 - Geografia

```
X  E  T  O  Z  G  K  K  S  K  Y  R  N  R  T  V
K  I  N  M  Z  W  C  D  I  A  G  Z  A  O  E  I
Z  R  D  Q  E  B  D  R  Đ  C  E  D  T  P  R  S
K  X  C  Y  D  A  R  G  R  E  G  I  O  N  I  I
B  I  B  N  U  Đ  X  U  D  U  Ž  I  N  A  T  N
M  O  R  E  T  Z  J  J  C  R  M  N  M  K  O  A
T  N  E  N  I  T  N  O  K  I  G  Q  B  W  R  L
S  A  V  Đ  T  M  Y  W  Z  J  Q  Z  I  P  I  D
V  J  E  D  A  P  G  R  Z  E  H  C  A  P  J  V
I  I  J  N  L  K  L  R  J  K  A  G  J  P  A  O
J  D  S  A  L  T  A  A  L  A  H  R  N  B  A  H
E  I  W  L  P  D  J  L  N  Z  Z  K  E  Q  D  D
T  R  U  S  G  A  L  T  B  I  O  Đ  K  M  B  J
Q  E  Đ  I  L  G  M  I  W  X  N  Z  T  P  K  T
C  M  L  G  Y  Y  E  W  Q  O  D  A  Y  V  P  D
W  X  A  N  P  E  Z  H  E  M  I  S  F  E  R  A
```

VISINA	MORE
ATLAS	MERIDIJAN
GRAD	SVIJET
KONTINENT	PLANINA
HEMISFERA	SJEVER
RIJEKA	ZAPAD
ISLAND	ZEMLJA
LATITUDE	REGION
DUŽINA	JUG
MAPA	TERITORIJA

66 - Cibo #1

```
V D L D K J D E S O I L M U D Đ
Y N R H G E J L I Y L M E P H B
W R K O S Č C Q V K U L S S Š Z
R E P A T A L A S Z R Đ O B E H
B V Z V J M P U M E T U P H Ć H
O V O K D N D A Y A J D Š O E Q
Đ J Y R M L Š Z J R B P M K R S
C A A M S K C E N N Y A S E A O
R C K I U D E B Č T Z T S J G Đ
C I K K O L A Č G U S N K I E P
I H Q L I M U N U N X E J L L E
M J I O E F N U C A L M J M B E
E I P D U W K Y Đ D J U Q J Q Q
T M W E Đ U E R G D L Z Q Đ S X
J A G O D A T G U K V F H D X X
C K F A H V C E F Š P I N A T Y
```

ČEŠNJAK
BASILE
CIMET
MESO
MRKVA
LUK
JAGODA
SALATA
MLIJEKO
LIMUN

MENTA
JEČAM
KRUŠKA
REPA
SO
ŠPINAT
SOK
TUNA
KOLAČ
ŠEĆER

67 - Aeroplani

```
L O X I G I G P Q V F G R L Đ S
P T G F G Đ S U C M I Y R Đ N A
A R E F S O M T A O Q S W W Đ R
K N A I A A Q N O T Đ R I P G Q
R Y L V Z O V I R O G C Z N Y Y
A J N D A R G K B R L B U F A D
R D J W A C S L E T A N J E J E
U Đ A B I C Z V H N M O P H I S
T O Z S T U R E D Z X L N Đ R C
N P I L O T A A K U Z A V P O E
A X D K B P K W Z G Z B P V T N
V X I R E L E P O R P M M S S T
A B E N N V O D I K V B N H I B
T U R B U L E N C I J A R N J W
K U E C W Q O K Q J N D R C D S
Y X D I J O R H F W Z E H G X D
```

VISINA	DESCENT
ZRAK	PROPELERI
ATMOSFERA	POSADA
SLETANJE	VODIK
AVANTURA	MOTOR
GORIVO	BALON
NEBO	PUTNIK
GRADNJA	PILOT
DIZAJN	ISTORIJA
PRAVAC	TURBULENCIJA

68 - Governo

```
B N T T V G S O D S L E F P U D
S U D S K I I A A P Đ B Đ Q D R
R C I D Z G M J Đ O C G E S E Ž
U S T A V F B I L M W U Đ A M A
L G H L U B O S O E L T R B O V
A P P S U K L U F N V S V O K L
W R X Y F Z V K R I A O C E R J
W A D O B O L S X K Y N Đ F A A
H V P O L I T I K A A S P A T N
X D I J D N P D Y N I I K J I S
C A Z A K O N R Y J M V C I J T
N I A P B W X I A W I A G C A V
V U V C C F J F P V G Z S A M O
I L D I Z G K F B E A E S N X D
A O W B L S W C Đ E J N A T S Z
W L S T G O V O R J T Z F P L W
```

VOĐA
DRŽAVLJANSTVO
CIVIL
USTAV
DEMOKRATIJA
PRAVA
GOVOR
DISKUSIJA
SUDSKI

PRAVDA
NEZAVISNOST
ZAKON
SLOBODA
SPOMENIK
NACIJA
POLITIKA
SIMBOL
STANJE

69 - Colori

```
F K T Y N V A Z N A T B Y Ž J R
S B F J F H V E E O C S D U P O
Y K U E K V O L A L E B K T C Z
I Y K X E M X O D W E U E O R E
B J S G S O C R V E N N W Ž N N
C X I S U N Đ H P L W P O I A L
I W J K W S R U X O R W Đ H J
P I A V I S D S H B R S E P I A
L C T G W P S O R X B Q R V T H
A B N I V F I C D R H Q U Y N S
V J E T R Đ H N C Y A N Z H K K
A C G O T S A Ž D N A R A N H M
X S A Z B C J P R I Z W G O C B
D M M Q Đ Q G X J B G Đ V Y E V
P U R P U R N O O I A O Q W C O
R M V B M G E D J W Y B P A J K
```

NARANDŽASTO	INDIGO
AZURE	MAGENTA
BEŽ	BROWN
BELA	CRNA
PLAVA	ROZE
CYAN	CRVEN
FUKSIJA	SEPIA
ŽUTO	ZELENO
SIVA	PURPURNO

70 - Bellezza

```
H  Š  I  Š  H  K  S  B  F  I  Y  E  L  Đ  Y  O
C  M  N  A  T  N  A  G  E  L  E  L  Q  B  H  A
U  I  A  M  R  A  Š  Q  N  A  M  E  I  N  O  N
M  N  B  P  J  U  U  K  O  Ž  A  G  S  B  L  R
K  K  Q  O  J  C  L  B  Q  A  R  A  K  S  A  M
S  A  U  N  X  K  J  V  M  R  Q  N  Y  Z  D  F
K  T  K  K  G  A  A  C  T  L  I  C  J  X  E  O
T  B  I  D  O  V  Z  I  O  R  P  I  R  P  L  T
P  O  B  L  G  Z  J  Đ  G  M  M  J  U  W  G  O
H  J  A  I  I  R  M  X  E  U  I  A  Ž  P  O  G
K  A  V  W  A  S  A  E  H  N  R  P  C  U  Z  E
P  A  O  H  M  L  T  C  T  W  I  A  Y  S  Z  N
G  S  P  G  O  D  K  I  E  I  S  I  Z  L  X  I
I  V  K  O  V  R  Č  E  Z  A  K  A  M  U  R  Č
J  A  R  S  J  V  Y  A  B  T  K  A  Đ  G  R  N
L  L  N  V  I  T  Q  K  T  D  B  G  M  E  F  O
```

BOJA	ULJA
KOZMETIKA	KOŽA
ELEGANTAN	PROIZVODI
ELEGANCIJA	KOVRČE
ŠARM	RUŽ
MAKAZE	USLUGE
FOTOGENIČNO	ŠAMPON
MIRIS	OGLEDALO
GRACE	STILIST
MASKARA	ŠMINKA

71 - Avventura

```
P R I J A T E L J I Z L P K Q I
J Đ Đ A K T I V N O S T R V W T
E U I S I G U R N O S T I Z M I
N A V I G A C I J A T J L I A N
N E O B I Č N O C Đ F M I X N E
V Đ Z N T H X J A I E R K Đ D R
Q H A B S L Q N A I Đ R A B Q A
P Z Z Z M A Z A J I Z U T N E R
J R I Đ E R P D Z N L M S Đ T T
M I I Q H W M O N I R R O J Š P
J O Đ P Z S W R Š S C M D T I S
J Q I F R T Y I A D N U A Y D Z
T E Š K O E N R N W N S R S E G
N O V O N E M P S B I K K E R N
L J E P O T A A A E A X F K D T
C O H R A B R O S T E L Z I O Y
```

PRIJATELJI
AKTIVNOST
LJEPOTA
ŠANSA
HRABROST
ODREDIŠTE
TEŠKO
ENTUZIJAZAM
IZLET
RADOST

NEOBIČNO
ITINERAR
PRIRODA
NAVIGACIJA
NOVO
PRILIKA
OPASNO
PRIPREMA
IZAZOVI
SIGURNOST

72 - Forme

```
P G B Q P K K V A D R A T L L P
N R D D Y R M L V W N G E Q N O
F V I V T I V Đ P Y J T M Z J L
R A N S E V I V J B H S V P N I
T G L K M I D C A M I A H X M G
P J A E W N J N F H P G J P Y O
E I V I R A K J A R E Đ Z W P N
C L O A G U O R T Q R Q B Y I G
I T I R C M C H Z T B U A U R P
V A R P G J H O C H O D Đ G A R
I Q Đ Q S P A C N L L J E O M L
B B P C T A G R A E A J I N I L
P R A V O U G A O N I K A U D E
C I L I N D A R P R T A R G E A
K O C K A K R U G M T K C A N O
W Q A S T R A N A F J Đ P O R Z
```

UGAO	STRANA
ARC	LINIJA
IVICE	OVALNI
KRUG	PIRAMIDE
CILINDAR	POLIGON
CONE	PRISM
KOCKA	KVADRAT
KRIVINA	PRAVOUGAONIK
ELIPSA	TROUGAO
HIPERBOLA	

73 - Oceano

```
Q Y L Y B O A T W P P C G Z T K
Q A X C T F N H O B O T N I C A
V I Y M O W U T P K U M R R Z R
J N Z V S Q T Q T R R E Đ N U S
N J U B R F R V P J E D L I Q D
S F G T H K J L C D T U Q F J T
K O G R E B E N Đ E S Z W L U C
T G H X M R I B A E Y A U E U J
J X Đ S I S A L A T O L J D X W
L J D L L Đ T A L Đ B U L U G E
E O E Z P P R X M F K G E L R
X D I G J I G O A G Đ J E A B O
L M R B U H I K Đ L K A I E Q J
K I T V T L K O R N J A Č A U A
B B P R V C J C H U R M L X D A
Š K A M P E U A X A R P B B D Đ
```

JEGULJA
KIT
BOAT
KORAL
DELFIN
ŠKAMP
RAK
PLIME
MEDUZA
TALASI

OYSTER
RIBA
HOBOTNICA
SO
GREBEN
SUNĐER
AJKULA
KORNJAČA
OLUJA
TUNA

74 - Famiglia

```
Đ  A  Z  X  W  S  X  E  B  W  O  K  D  Y  X  F
R  W  E  H  Q  F  Q  S  K  L  D  S  J  H  X  W
L  L  O  U  J  A  K  P  E  D  I  I  E  U  M  U
W  Đ  T  E  T  K  A  Z  V  Y  A  Z  D  P  C  V
A  Q  A  V  J  O  Z  Z  U  X  H  F  A  K  M  T
N  X  M  Q  F  R  O  S  E  S  T  R  A  N  L  D
S  E  J  N  I  T  E  J  D  L  W  Đ  K  K  C  V
U  T  Ć  M  A  J  Č  I  N  S  K  A  J  W  A  I
P  E  L  A  N  R  E  T  A  P  J  A  A  R  T  E
R  J  G  C  K  A  Đ  O  R  Đ  Y  L  M  P  O  W
U  I  T  E  Q  A  N  Z  D  L  Q  B  A  K  A  H
G  D  G  J  R  N  D  K  Ć  E  R  K  A  B  K  U
A  R  X  D  Z  O  E  E  P  L  N  M  F  O  X  R
B  R  A  T  E  N  G  U  R  P  U  S  E  R  O  J
X  V  G  J  A  A  A  A  W  P  I  E  H  G  Y  X
D  T  F  J  G  K  A  S  Đ  U  Z  S  H  I  C  M
```

PREDAK	MAJČINSKA
DJECA	SUPRUGA
DIJETE	NEĆAK
ROĐAK	BAKA
KĆERKA	DJED
BRATE	OTAC
BLIZANCI	PATERNAL
DJETINJE	SESTRA
MAJKA	TETKA
SUPRUG	UJAK

75 - Creatività

```
Q  P  V  Y  W  T  V  T  H  Y  E  J  E  D  I  A
M  Y  G  L  K  Y  L  Q  P  F  W  S  N  B  N  U
K  A  S  I  T  U  Z  F  Z  Y  B  Y  E  R  V  T
B  U  Š  I  N  S  P  I  R  A  C  I  J  A  E  E
B  M  O  T  S  O  N  D  I  U  L  F  I  Ć  N  N
U  J  L  E  A  N  I  T  Š  E  J  V  C  O  T  T
I  E  C  T  K  C  S  E  C  O  N  U  O  N  I  I
W  T  X  I  I  I  T  X  N  J  D  J  M  S  V  Č
T  N  H  Z  L  T  I  N  C  H  U  V  E  A  N  N
P  I  N  N  S  A  I  Z  R  A  Z  B  O  J  O  O
R  Č  S  E  S  M  S  E  N  Z  A  C  I  J  A  S
P  K  Y  T  L  A  S  P  O  N  T  A  N  O  D  T
D  I  D  N  Y  R  V  I  Z  I  J  E  Y  G  K  L
H  B  G  I  L  D  I  N  T  U  I  C  I  J  A  F
I  I  X  E  W  I  E  H  R  I  T  I  B  U  Q  S
L  U  D  T  U  D  V  I  T  A  L  N  O  S  T  Q
```

VJEŠTINA
UMJETNIČKI
AUTENTIČNOST
JASNOĆA
DRAMATICNO
EMOCIJE
IZRAZ
FLUIDNOST
IDEJE
MAŠTA

SLIKA
UTISAK
INTENZITET
INTUICIJA
INVENTIVNO
INSPIRACIJA
SENZACIJA
SPONTANO
VIZIJE
VITALNOST

76 - Veicoli

```
T R A J E K T M O T O R O S L D
T O P A U T O P B X D K K K C E
G K F K X H N V A L P S A U M V
S U P F T H I T N A C A E T P Đ
B V M C A X R C M H R U Z E D G
H Q F E K A K Z E G S A B R V M
W E I W S C X R Z J H B I L M I
B C L Z I I Đ Q D L F Y C S L I
F M F I N N B T O S V N I N H A
E V G H K R A A P A T E K A R U
Q Q A P Q O Z O V W I N L V O T
B A V N I M P B Z I K G I A T O
Đ H D J L D S T V W O E R R K B
P B U J N O D Y E A L N U A A U
Z S D Q Z P D U K R R V U K R S
K A M I O N I I M O W K G E T D
```

AVION
HITNA
AUTO
AUTOBUS
BOAT
BICIKL
KAMION
KARAVAN
HELIKOPTER
PODZEMNA

MOTOR
GUME
RAKETA
SKUTER
PODMORNICA
TAKSI
TRAJEKT
TRAKTOR
VOZ
SPLAV

77 - Natura

```
P P D R Y B T E X W H Q I X B B
T L Y M Y H X F J I S T X D T H
Y D A L J E P O T A E L E Č P Y
E W A N Q I N C Y N R S N Z P J
T R R T I J L V I D E H O H O M
Š Ž O C I N Q K A J N I T S U P
I I U Z S S E H A K E J I R U T
T V R K I T K R A J R V X A T R
E O S Đ B J S K L O N I Š T E O
V T J Đ T J A M U Š U E Z H Ć P
S I N T D O B L A C I D D W Š S
X N D I N A M I Č K I W A E I K
G J J T D A M L I T I C E W L I
X E A O C Đ A L P M T V V W Y V
M A G L A Y I U O E N L K C J L
V P B A B Đ S B X K N Y B D F D
```

ŽIVOTINJE
PČELE
ARKTIK
LJEPOTA
PUSTINJA
DINAMIČKI
EROZIJA
RIJEKA
LIŠĆE
ŠUMA

LEDENJAK
PLANINE
MAGLA
OBLACI
SKLONIŠTE
SVETIŠTE
LITICE
DIVLJI
SERENE
TROPSKI

78 - Balletto

```
I  Č  A  S  E  L  P  D  Đ  N  I  C  M  A  O  C
K  O  R  E  O  G  R  A  F  I  J  A  I  P  R  K
Č  X  C  E  U  Z  I  J  I  S  V  O  Š  L  K  O
I  C  X  C  P  D  Z  B  K  P  V  Y  I  A  E  M
N  P  Z  B  H  W  R  T  V  U  S  P  Ć  U  S  P
T  N  B  O  G  M  A  T  I  R  O  S  I  Z  T  O
E  M  M  A  E  G  Ž  E  F  D  L  I  T  S  A  Z
J  R  U  B  S  V  A  T  G  R  O  A  O  Đ  R  I
M  I  Q  Z  T  Y  J  I  T  E  H  N  I  K  A  T
U  I  W  W  I  Q  N  Z  X  J  E  O  D  C  J  O
P  R  O  B  A  K  O  N  O  E  Đ  X  F  L  F  R
E  M  T  Y  M  Q  A  E  V  J  E  Š  T  I  N  A
B  F  D  T  B  Z  Đ  T  X  N  C  N  P  D  S  M
Y  B  R  Q  Đ  Q  M  N  A  Z  O  I  C  A  R  G
D  F  J  M  F  O  U  I  U  H  O  L  Y  R  O  D
P  B  A  L  E  R  I  N  A  U  N  Đ  E  K  F  D
```

VJEŠTINA	GRACIOZAN
APLAUZ	INTENZITET
UMJETNIČKI	MIŠIĆI
SOLO	MUZIKA
BALERINA	ORKESTAR
PLESAČI	PROBA
KOMPOZITOR	RITAM
KOREOGRAFIJA	STIL
IZRAŽAJNO	TEHNIKA
GEST	

79 - Paesi #1

```
P V I J E T N A M K R S W N O I
O A K Š E V R O N A K S J L O P
E C N U G B Q K I M G Z U B W F
I F U A V E Z O X B O U P L S W
A W Y C M K R R E O V E E D C N
R I P K A A E A Q D F C M A L I
N D G U H R D M N Ž I A W J I E
R U M U N I J A I A Z M D I Z X
I N D I J A S K D L R D O N A E
I F N F Q Y Q Č K E A P B A R G
K A N A D A N A G U E Y L P B I
G K K C I J S M I C L U D Š X P
E G S S F I S E N E G A L Y F A
N K M S N B O J W N A B L H D T
U F R U C I N N G E B F F I V E
G G R D H L F T F V V I R V L Đ
```

BRAZIL	MALI
KAMBODŽA	MAROKO
KANADA	NORVEŠKA
EGIPAT	PANAMA
FINSKA	POLJSKA
NJEMAČKA	RUMUNIJA
INDIJA	SENEGAL
IRAK	ŠPANIJA
IZRAEL	VENECUELA
LIBIJA	VIJETNAM

80 - Geometria

```
P  I  H  K  C  S  P  P  P  U  Q  S  D  O  V  B
U  A  N  I  S  I  V  D  O  N  L  E  I  C  E  M
R  N  R  N  O  K  Đ  H  V  V  O  G  M  Y  R  K
O  I  E  A  N  I  V  I  R  K  G  M  E  L  T  O
A  Č  T  J  L  X  O  U  Š  Y  I  E  N  T  I  Đ
O  A  E  I  A  E  N  K  I  W  K  N  Z  Y  K  N
Đ  N  M  C  T  S  L  W  N  O  A  T  I  G  A  M
C  D  A  R  N  A  I  N  A  P  O  V  J  N  L  E
T  E  I  O  O  Đ  B  M  O  Z  A  U  A  U  N  D
R  J  D  P  Z  M  W  T  E  X  J  Y  G  Č  O  I
O  O  A  O  I  B  H  T  M  T  I  F  U  A  H  J
U  R  G  R  R  F  L  W  X  G  R  S  R  R  O  A
G  B  B  P  O  M  Y  A  X  X  O  I  K  Z  S  N
A  O  N  V  H  Q  W  A  F  V  E  B  J  I  S  W
O  M  M  A  O  I  I  B  I  E  T  A  I  A  Z  L
M  B  U  Q  V  E  W  V  Q  G  C  R  B  I  E  F
```

VISINA
UGAO
IZRAČUN
KRUG
KRIVINA
DIAMETER
DIMENZIJA
JEDNAČINA
LOGIKA
MEDIJAN

BROJ
HORIZONTALNO
PARALELNO
PROPORCIJA
SEGMENT
SIMETRIJA
POVRŠINA
TEORIJA
TROUGAO
VERTIKALNO

81 - Foresta Pluviale

```
N U Q Q T O P A I N S E K T I L
Z T Đ I P P R J D Z I W T M C A
A O L D V S M I R Ž A S H L A W
J Č Đ H P T C C I J U H J P L B
E I A K Y A E A Đ U Q N Q J B E
D Š E F T N T R M V H G G X O C
N T D V S A D U O O B L U L I H
I E B S O K T A R R S H E H A A
C C A E K N Y T F J D S J A T U
A I S M I K D S R O U N N A S T
Z T E X L F V E K L I M A W R O
H P Z P O W H R J Y J F V P V H
T K Đ P N I M H O I R A U V J T
I C M E Z O D O V X R Z Č V R O
Z B L H A D O R I R P V O G J N
S I S A R I B O T A N I Č K I I
```

VODOZEMCI
BOTANIČKI
KLIMA
ZAJEDNICA
RAZNOLIKOST
DŽUNGLA
AUTOHTONI
INSEKTI
SISARI
MOSS

PRIRODA
OBLACI
OČUVANJE
VRIJEDNO
RESTAURACIJA
UTOČIŠTE
OPSTANAK
VRSTA
PTICE

82 - Edifici

```
H O S T E L H O T E L R D W P M
U N I V E R Z I T E T O B C T G
E A R H S T W C B E T O R A N J
C L M E P D C I A L O K Š J A O
F R W V R B Q Y R R V M L I J P
N A T J Y A C I N L O B R R U S
G L B Y A I L E A A P V E O K E
F A Y R N Đ R T T I B V D T O R
N X Đ N I Đ A Š S Z G Q A A L V
R S D I B K E I A T F I S R M A
O S Y W A W A R C T P Đ A O U T
B I O S K O P O Q A O S B B Z O
X J W A W O X Z E J F R M A E R
S T A D I O N O Z P L B A L J I
E X H X Y R W P F A M Đ P P I J
S U P E R M A R K E T T W Q K E
```

AMBASADE
STAN
KABINA
DVORAC
BIOSKOP
FABRIKA
BARN
HOTEL
LABORATORIJA
MUZEJ

BOLNICA
OPSERVATORIJ
HOSTEL
ŠKOLA
STADION
SUPERMARKET
POZORIŠTE
ŠATOR
TORANJ
UNIVERZITET

83 - Malattia

```
R I T S O K I Đ C Z J N T Y G S
E K E H N O N Z A R A Z X N N I
S S L T Đ N B G E N E T S K I N
P J O E Z D R A V L J E A H N U
I I A R F E J J L W I C S X E S
R R J A P J Đ I S S G R I D G S
A E Q P R L V T Q K R S N S O E
T T S I A S U A L Y E S D B T N
O K D J O A N P K S L F R J A L
R A U A L N F O A Z A A O S P L
N B O L D O V R Z L E B M I Z E
I I E U J H V U F X A V P I Z W
J Q N M U Y I E I M U N I T E T
F E G B N S Đ N I D C L A W K J
F E O A T D G L Z H D R P P L Y
S L G R S R H T Z S Y B M A R I
```

ALERGIJE	UPALA
BAKTERIJSKI	LUMBAR
WELLNESS	NEUROPATIJA
ZARAZNO	KOSTI
TELO	PATOGENI
SRCE	RESPIRATORNI
SLAB	ZDRAVLJE
NASLJEDNO	SINUS
GENETSKI	SINDROM
IMUNITET	TERAPIJA

84 - Paesi #2

```
G Y X B P S O A L S V I K I T V
N E P A L Z I B A N I J A R K U
R Đ N G T V J R J M E K S I K O
S U K R A Y G G I A V Đ K I K E
G B S B K L K C N J N A D U S T
M T Y I L J E Đ A I A M V G F I
E D O P J W L Z B R P Đ D D U O
Q O Q Q K A L Đ L E A Q W F L P
J A M A J K A M A B J Y M R L I
D A N S K A X B Q I T I A H M J
E P A K I S T A N L B O R G J A
N I G E R I J A W S D A B S G D
I N D O N E Z I J A P K U I K N
U B E R P R V C A X G R Č K A A
J P A J A L P D J N J Q R L N G
S N X S K V O N N H X Z V G X U
```

ALBANIJA
DANSKA
ETIOPIJA
JAMAJKA
JAPAN
GRČKA
HAITI
INDONEZIJA
IRSKA
LAOS

LIBERIJA
MEKSIKO
NEPAL
NIGERIJA
PAKISTAN
RUSIJA
SIRIJA
SUDAN
UKRAJINA
UGANDA

85 - Tipi di Capelli

```
D  S  T  T  I  Ć  E  L  A  V  K  O  V  R  Č  E
O  I  P  X  J  R  B  J  R  L  G  H  K  C  Z  C
G  V  L  T  L  G  W  D  M  J  M  U  Đ  E  Q  I
X  A  A  Đ  K  M  D  E  P  W  D  S  M  Z  M  N
P  G  V  M  Đ  T  H  D  H  D  Q  D  N  Q  Y  E
Z  R  A  U  F  H  O  I  B  T  S  C  V  V  T  T
M  D  K  P  K  K  R  A  T  K  O  W  K  L  A  E
C  O  R  S  M  I  Q  R  H  U  Z  T  L  D  N  L
P  N  V  A  H  Q  A  B  U  F  A  B  B  V  A  P
N  E  W  O  V  B  J  I  G  K  R  D  Y  Đ  K  V
R  J  F  O  C  B  O  D  E  B  E  O  U  Đ  I  H
E  O  B  L  R  J  Q  Y  R  M  K  F  P  C  E  Q
U  B  K  K  N  B  E  L  A  D  U  G  O  B  L  U
K  O  E  D  A  W  W  R  E  Q  R  S  E  J  A  T
E  W  F  U  F  I  E  U  D  S  A  F  P  T  J  N
H  G  Z  U  T  S  K  C  M  H  H  F  Q  Q  A  A
```

SUHO

BELA

PLAVA

KRATKO

ĆELAV

OBOJENO

SIVA

BRAIDED

DUGO

BROWN

MEKO

CRNA

CURLY

KOVRČE

ZDRAV

TANAK

DEBEO

PLETENICE

86 - Vestiti

```
W  S  M  R  Đ  X  O  S  R  T  K  Đ  J  K  A  H
T  N  T  H  T  M  G  U  Š  U  N  S  W  A  K  L
W  B  U  B  Đ  M  R  K  A  E  K  G  U  I  P  A
C  I  P  E  L  A  L  N  D  D  Š  A  Đ  Š  U  Č
C  W  A  V  A  N  I  J  L  A  H  I  V  X  C  E
K  Q  K  Z  Š  J  C  A  N  I  V  R  R  I  R  V
O  U  X  Q  B  Y  A  M  A  Ž  D  I  P  O  C  E
Š  L  S  D  R  T  Y  M  E  F  N  F  F  I  E  E
U  J  Đ  Đ  R  J  M  P  G  G  J  A  J  L  Đ  W
L  Q  F  J  K  E  C  E  L  J  A  R  B  R  I  Y
J  U  N  A  O  B  E  L  F  T  V  M  L  Q  L  X
A  E  O  K  X  D  D  A  B  V  B  E  U  M  Đ  W
X  W  S  N  S  A  N  D  A  L  E  R  Z  O  Y  V
K  P  H  A  Ž  E  M  P  E  R  K  A  D  S  K
W  Z  O  N  P  E  W  D  O  V  U  E  T  A  Z  Q
S  X  I  S  N  A  R  U  K  V  I  C  A  F  W  Q
```

HALJINA	KECELJA
NARUKVICA	RUKAVICE
BLUZA	FARMERKE
KOŠULJA	DŽEMPER
ŠEŠIR	MODA
KAPUT	HLAČE
KAIŠ	PIDŽAMA
OGRLICA	SANDALE
JAKNA	CIPELA
SUKNJA	ŠAL

87 - Attività e Tempo Libero

```
L A P F K G A K P L I V A N J E
D E U G K W Đ U W I Z A K M R J
W C T C N Z K P O K L S I Đ Q N
N X O D L C O O Z M O J L H O A
Q J V X O E D V Q G B Š S W M F
D M A D V A B I O P Z E A O Đ R
M R N B T S O N T E J M U R L U
G I J O S C J A P I E D S F K S
G B E K R M K S T M B C T S T A
O O J S A R A R O N J E N J E F
L L Y I L K A M P I R A N J E U
F O M N T O Y O Đ B G O V F R D
K V L E R H O B I J I G A Đ I B
J U M T V N M S L N R Z U H A
V X K R B T U R Y H L Z T Q X L
O L D C V I U C T U I Đ B D F N
```

UMJETNOST
BEJZBOL
KOŠARKA
BOKS
FUDBAL
KAMPIRANJE
VRTLARSTVO
GOLF
HOBIJI

RONJENJE
PLIVANJE
ODBOJKA
RIBOLOV
SLIKA
KUPOVINA
SURFANJE
TENIS
PUTOVANJE

88 - Tecnologia

```
Q U S I R I P O R U K A Y O J F
X O N I G N X P I G R K H G P A
F O N T N T H N L X A I R E V J
R L J C P E F T O N Q T I J S L
E K R A N R W Q Q J U S Đ V T E
V O E H C N S U R I V I Y T G J
J W Y Q C E K O W F F T W G F N
A P N H Z T X U F Đ K A M E R A
Đ N L Z R E M K R T O T S Q A V
S I G U R N O S T S V S B C Q I
U C O R A Č U N A R O E H V S Ž
E A L B A J T O V A Z R R A M A
M D B P R E G L E D N I K G K R
O O N L A T I G I D I D Q E Q T
W P V I R T U A L N O Y X Y K S
X E J U D B R D C K Y A D J G I
```

BLOG	PORUKA
PREGLEDNIK	ISTRAŽIVANJE
BAJTOVA	EKRAN
RAČUNAR	SIGURNOST
KURSOR	SOFTVER
PODACI	STATISTIKA
DIGITALNO	KAMERA
FAJL	VIRTUALNO
FONT	VIRUS
INTERNET	

89 - Meteo

```
L T K S G D H J V N M N R M F K
S H O Z K S O Y J S E B H O Y Z
K U N T A Š U S E I T B C N S S
Q N Č Q R N T H T L O R O S P I
X D A G U D F G A W R X X U J C
O E L G T E E A R S N V W N Y A
L R B R A L O P U K A L B O B O
L G O Q R R I A O R D M U N J A
Z Q L X E F U X I Đ O B Q X X L
G M Y M P M A G L A S Q C V P K
O Y C T M G P D E O L U J A W F
L X C D E L P P K H Đ S K B D A
U O D F T Y K E O U K L I M A V
A T M O S F E R A S V L A Ž N O
Đ S K Đ Y L L Y Z I O Q U Z V C
Đ U H O K A U I H J P U K G H N
```

DUGA	OBLAČNO
SUHO	POLAR
ATMOSFERA	SUŠA
NEBO	TEMPERATURA
KLIMA	OLUJA
MUNJA	TORNADO
LED	THUNDER
MONSUN	VLAŽNO
MAGLA	URAGAN
OBLAK	VJETAR

90 - Corpo Umano

```
Y I T L I C E C R S N G F H G S
M H T I Z L M B U L B I S H B T
L O Y H X P A S C X B P S G C G
K H Z O I J R M S Y J Y N S U B
R U T A R V G L A V A C H I N C
V Đ G K K E Q G M K B P Y L D R
P E C U Z H O Đ C A S E D A Q Z
F F U R E M C E Đ P I R K U M
H K Đ E O F Đ X R G R J K A D C
H U I G D Q I G S R Đ F J T J J
G Y B N E P R K O L J E N O B G
U A Q I R N A K N K B S A Ž O K
K S S F O R B A F O O N Ž J R L
F R T V N W S M K W V A E A Z I
H C S A G O N X F Đ B P L M G E
A W G V M T R B U H O X G A A Đ
```

USTA   RUKA
GLEŽANJ   CHIN
MOZAK   NOS
VRAT   OKO
SRCE   UHO
FINGER   KOŽA
LICE   KRV
NOGA   RAME
KOLJENO   TRBUH
LAKAT   GLAVA

91 - Mammiferi

```
L A M L B V G U S N Q A P Z M O
G I P B E L D D H W Y W Đ R H S
J R S H A K I T C L A V Y L V K
J D P I R U G N E K J B G I A W
F S E T C E Z E G V G V O T Y L
G N J L D A O L O Y A H G S L G
O C K L F Đ O E I I T S P G C K
R I U M V I I J W N L L F A Q Q
I Q U D I J N O K N F O G F S V
L P J B I U U M B G F N Z A X U
A T X C Đ R M R B B Đ D E R Đ K
X J D Y T O J O K U C K B I Đ N
M A Č K A I A O B I K Đ R Ž J Z
O R E A A A M V B Z I O A J D N
T B S I L S Q C D J A W S A Z Z
D E W N L M U E A Đ B B Đ I R C
```

KIT	ŽIRAFA
PAS	GORILA
KENGUR	LAV
KONJ	VUK
JELEN	BEAR
ZEC	OVCE
KOJOT	MAJMUN
DELFIN	BIK
SLON	LISICA
MAČKA	ZEBRA

92 - Cucina

```
O U P G A Z A O C B P C S Z P W
Y L J E J L O Š V V Z G G T X B
O T H S C G I J E H C X E L A Y
O U S B A N J N D M P V L D V U
Č A J N I K I H R A N A K Z K X
H T I L R A J C K M D J F W K G
K E X T I E L D A L Đ L V S X
P V Z X I T C A R I V E Ž O N J
Đ L J B D M Š E T H J C R G O H
V A P B Đ V R O P B F E J U G P
S S S R E Y F F R T E K I Š A K
A I F R I Ž I D E R E Đ N U S C
Z A Č I N I D H G R S T I H L S
Z A M R Z I V A Č Z F M Đ L I G
B O W L C G C D E F T U V N O J
J K J S C F O R K S Z A L X S W
```

ČAJNIK
JUG
HRANA
BOWL
NOŽEVI
ZAMRZIVAČ
KAŠIKE
FORKS
PECNICA
FRIŽIDER

KECELJA
ROŠTILJ
LADLE
RECEPT
ZAČINI
SUNĐER
ŠOLJE
SALVETA
JAR

93 - Giardinaggio

```
Z  V  T  M  Z  H  T  W  Z  B  W  S  J  E  M  E
K  O  N  T  E  J  N  E  R  L  Đ  A  C  Ć  A  C
O  P  O  L  X  Q  U  Z  G  A  H  K  Z  Š  D  O
X  B  M  F  X  E  V  X  P  T  X  A  M  I  L  K
K  M  V  B  T  X  T  K  Q  O  A  J  L  L  I  V
O  A  H  A  S  D  Y  F  E  L  A  N  K  W  Y  B
M  X  Z  I  K  S  N  O  Z  E  S  Ć  O  T  M  L
P  W  Y  Y  R  X  R  R  V  Y  D  O  R  B  C  O
O  E  V  V  T  C  I  N  T  E  J  V  C  B  B  S
S  U  U  O  H  M  O  Đ  J  M  J  T  D  O  Q  S
T  G  W  Đ  D  F  B  O  T  A  N  I  Č  K  I  O
D  S  S  A  G  A  L  V  E  T  L  G  R  W  U  M
Z  E  M  L  J  A  Y  W  K  S  V  I  S  C  Y  D
L  Đ  H  T  R  X  B  J  U  R  L  L  S  G  Q  Q
J  E  S  T  I  V  O  U  B  V  S  F  G  T  D  C
E  G  Z  O  T  I  Č  N  O  H  Y  H  E  W  Z  Q
```

VODA
BOTANIČKI
KLIMA
JESTIVO
KOMPOST
KONTEJNER
EGZOTIČNO
BLOSSOM
CVJETNI
LIST

LIŠĆE
VOĆNJAK
BUKET
SJEME
VRSTA
BLATO
SEZONSKI
ZEMLJA
CRIJEVO
VLAGA

94 - Universo

```
Q S A H S S O L S T I C I J Đ E
K U J S P O K S E L E T R C U V
S U I D T Q L N E B E S K I H M
J U S K L R R A N I Ž U D W W S
J F K X S V O A R E F S I M E H
R N A W D I C N E N Z O D I A C
I L L V M J Đ I O F O N K J Z T
G N A P H L O J A M D B T M G J
X U G K P D D T T R I E P J B W
O C O S M I C W M N O J I E T D
Đ Y V B C V R A O H R M A S T D
Đ U Q R E V F M S Y E D T E G L
S B J G C N G A F T T X I C S R
H O R I Z O N T E P S V B G I F
A S T R O N O M R U A O R J U L
L A T I T U D E A Y D S O Q V H
```

ASTEROID
ASTRONOMIJA
ASTRONOM
ATMOSFERA
TAMA
NEBESKI
NEBO
COSMIC
HEMISFERA
GALAKSIJA

LATITUDE
DUŽINA
MJESEC
ORBITA
HORIZONT
SOLARNO
SOLSTICIJ
TELESKOP
VIDLJIV
ZODIAC

95 - Jazz

```
O A C O L X C N Ž A N R A P P F
V R O G S Đ R X W A E O P J W Z
O A K A S A L G A N V T L E C B
N T Q E Đ X N D K C U I A S J T
A S K X S C X J I Č Z U M L Z
L Q R Q K T F I Z X N O Z A C Q
R I P C V E A A U Y S P V P N A
T E H N I K A R M H S M A T I R
U V U E X X Đ S K Z S O T Z R B
S X N C O L A E F O Y K S F I G
I T I R O V A F Z J N V A O V M
Q U I U M J E T N I K C S D R L
M U B L A Z Z O W K T G E K M C
I M P R O V I Z A C I J A R Đ T
U Z T D A R F Q S B C E Z W T E
L H A P Q L D W L F M H M V R B
```

ALBUM	IMPROVIZACIJA
APLAUZ	MUZIKA
UMJETNIK	NOVO
PJESMA	ORKESTAR
KOMPOZITOR	FAVORITI
SASTAV	RITAM
KONCERT	STIL
NAGLASAK	DAR
ČUVEN	TEHNIKA
ŽANR	STAR

96 - Vacanze #2

```
I  S  T  R  A  N  I  P  D  J  A  E  T  C  J  Z
F  S  Z  M  A  O  N  O  A  H  L  T  A  Y  A  V
Đ  W  L  V  D  G  T  D  Ž  S  Z  F  K  Y  T  Đ
S  R  O  A  Y  N  R  R  A  U  O  R  S  L  Y  N
X  O  O  S  N  L  A  E  L  R  V  Š  I  W  B  R
X  Đ  Q  W  V  D  N  D  P  Q  Y  O  B  F  J  H
X  M  G  R  I  T  S  I  V  K  B  P  Q  N  U  K
M  S  L  I  K  E  P  Š  X  U  B  G  P  P  H  I
M  O  R  E  E  I  O  T  Q  S  L  K  R  U  Y  M
J  W  R  Y  J  E  R  E  A  Đ  U  L  E  T  O  H
Y  J  S  D  F  Z  T  M  A  P  A  W  S  O  B  X
H  N  I  K  O  O  U  X  M  F  G  E  T  V  N  G
I  E  J  N  A  R  I  P  M  A  K  B  O  A  V  A
M  D  I  L  T  L  E  I  S  U  R  E  R  N  I  C
P  L  A  N  I  N  E  A  V  A  K  A  A  J  S  D
Š  A  T  O  R  N  K  K  G  U  L  K  N  E  A  Z
```

AERODROM	RESTORAN
KAMPIRANJE	PLAŽA
ODREDIŠTE	STRANI
SLIKE	TAKSI
HOTEL	LEISURE
ISLAND	ŠATOR
MAPA	TRANSPORT
MORE	VOZ
PLANINE	PUTOVANJE
PASOŠ	VISA

97 - Attività

```
R L Q K B I T T O K Z A N A T I
I S O I H G S C M A A G K S V K
J Z D V F R A X V M F I K I U G
K D E G U E L S B P Z F Z U L K
W E U Q V O L O B I R I U Q C S
P K R E A J I F A R G O T O F H
L T Č A U F S A E A G X R I K G
L E I K M W V E J N A T Š U P O
P N T U E I P F N J F R X Y F Y
L O A P Q K K A A E I O S I X X
E G N X Q O O A V J E Š T I N A
T A J Q L A K T I V N O S T S P
E Z E B J M G V Š L E I S U R E
N M A G I J A U M J E T N O S T
J Z A D O V O L J S T V O X Q L
E V R T L A R S T V O E F C P B
```

VJEŠTINA	IGRE
UMJETNOST	ČITANJE
ZANATI	MAGIJA
AKTIVNOST	PLETENJE
LOV	RIBOLOV
KAMPIRANJE	ZADOVOLJSTVO
KERAMIKA	SLIKA
ŠIVANJE	ZAGONETKE
FOTOGRAFIJA	OPUŠTANJE
VRTLARSTVO	LEISURE

98 - Diplomazia

```
W J X X I Z Z P F G Đ T A E K F
A M B A S A D O R Y T N T S E H
D K Z A J E D N I C A D X G X S
V G I S V L A D A J N D A R A S
A R K T S A V J E T N I K Q X V
R A R S E Z L V K K O N I G T H
P Đ U E U D I P L O M A T S K I
R A G L Z K L P I L Đ Đ I S D A
N N O B J O O T D P R A L I I M
F S V O A Z L B B O T R O G S B
U K O G X Đ Z U X Y U G P U K A
W I R W B A Z K C O V B Z R U S
R J E Š E N J E R I P T E N S A
I N T E G R I T E T J B W O I D
H U M A N I T A R A C A E S J E
I I Z W A D K Y F H Đ B E T A G
```

AMBASADE
AMBASADOR
GRAĐANI
GRAĐANSKI
ZAJEDNICA
SUKOB
SAVJETNIK
SARADNJA
DIPLOMATSKI
DISKUSIJA

ETIKA
PRAVDA
VLADA
INTEGRITET
POLITIKA
REZOLUCIJA
SIGURNOST
RJEŠENJE
UGOVOR
HUMANITARAC

99 - Forniture Artistiche

```
Č  G  O  Z  L  I  R  K  A  C  I  L  O  T  S  B
Y  E  B  F  O  J  Đ  Y  Đ  O  S  T  W  K  N  Đ
U  J  T  Q  T  M  E  K  V  O  L  O  L  R  Y  Y
S  L  D  K  S  W  A  P  X  T  U  A  B  I  G  B
B  U  N  U  E  N  N  S  I  O  C  M  R  D  P  S
W  M  O  C  J  N  I  P  T  L  Đ  U  I  E  A  M
E  N  A  M  O  O  L  Đ  D  I  O  P  S  J  P  N
Y  K  G  G  B  O  G  W  S  F  L  D  A  E  I  Y
K  R  E  A  T  I  V  N  O  S  T  O  Č  N  R  Y
Q  T  M  R  F  F  T  U  T  L  E  S  A  E  T  R
Đ  M  H  E  N  W  G  O  P  E  M  Đ  W  A  X  S
U  N  K  M  J  Z  Z  U  K  T  E  E  E  T  D  G
L  W  K  A  S  I  Z  I  S  S  Y  K  Q  F  J  P
B  S  A  K  Q  V  A  K  E  A  A  O  B  B  D  Y
Y  M  D  H  Đ  U  C  Z  Y  P  B  V  O  D  A  Y
E  V  P  P  A  J  W  K  S  Z  V  J  Z  Đ  F  B
```

VODA	IDEJE
AKRIL	MASTILO
GLINA	OLOVKE
PAPIR	ULJE
EASEL	PASTELS
LJEPILO	STOLICA
BOJE	ČETKE
KREATIVNOST	STOL
BRISAČ	KAMERA

100 - Misurazioni

```
K  M  A  S  S  I  G  D  C  P  R  G  L  T  D  S
U  I  Y  K  G  G  N  J  E  T  Q  R  I  E  U  Đ
N  R  L  V  R  R  G  C  G  C  B  A  T  Ž  Ž  M
C  F  Q  O  E  Q  K  I  H  U  I  M  A  I  I  I
A  W  C  A  M  Z  S  P  Q  X  Đ  M  R  N  N  N
W  T  V  X  A  E  M  U  L  O  V  Y  A  A  A  U
N  Y  K  U  R  E  T  E  M  R  R  O  T  L  K  T
P  J  J  N  G  Đ  J  A  N  O  T  O  E  U  N  A
M  R  M  I  O  N  A  N  R  O  C  G  M  X  C  I
U  X  Š  E  L  S  B  I  B  M  E  U  I  F  E  T
J  M  I  F  I  D  J  S  H  E  D  B  T  K  K  E
D  S  R  G  K  J  H  I  A  H  U  U  N  J  S  T
W  D  I  J  C  C  C  V  I  X  B  L  E  N  H  L
Y  T  N  S  T  E  P  E  N  U  I  J  C  H  E  P
A  Y  A  H  N  O  V  F  I  L  N  E  Đ  K  K  W
M  E  X  S  G  Q  U  E  T  Z  A  O  X  D  D  P
```

VISINA	DUŽINA
BAJT	MASS
CENTIMETAR	METER
KILOGRAM	MINUTA
KILOMETAR	UNCA
DECIMALNI	TEŽINA
STEPEN	INCH
GRAM	DUBINA
ŠIRINA	TONA
LITAR	VOLUME

1 - Salute e Benessere #2

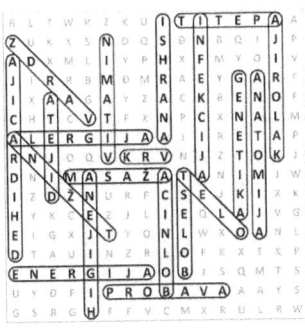

2 - Aggettivi #2

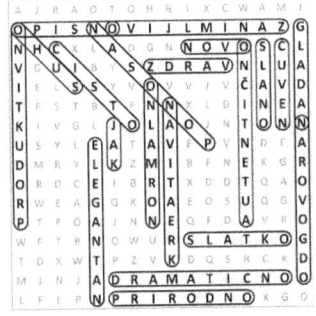

3 - Ingegneria

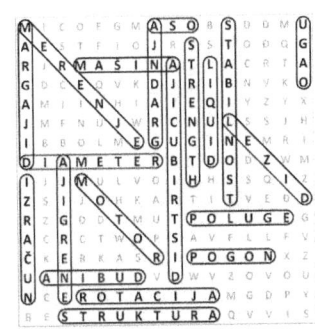

4 - Archeologia

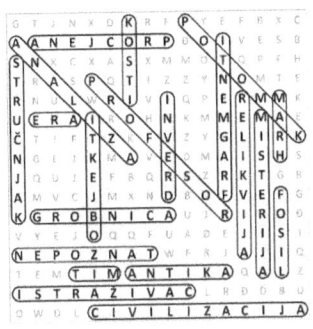

5 - Salute e Benessere #1

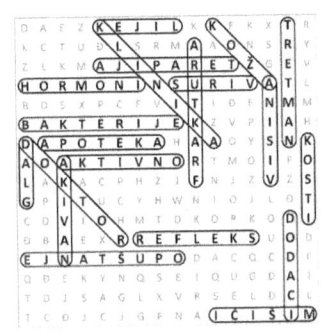

6 - Aggettivi #1

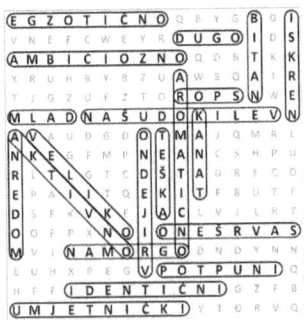

7 - Geologia

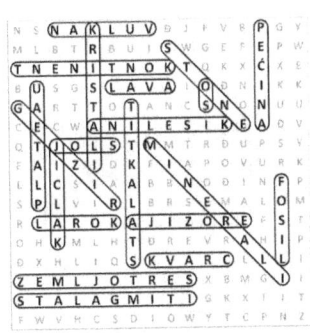

8 - Campeggio

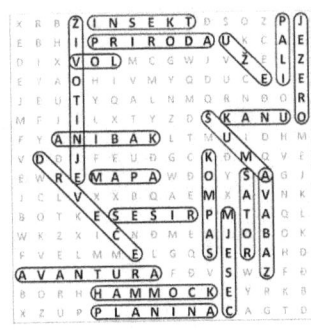

9 - Tempo

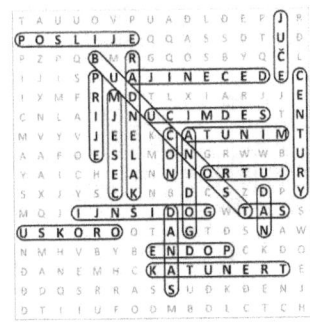

10 - Astronomia

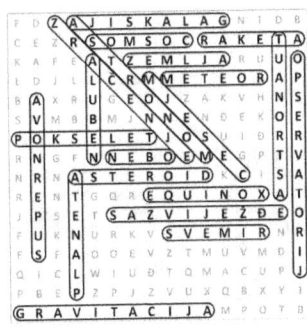

11 - Algebra

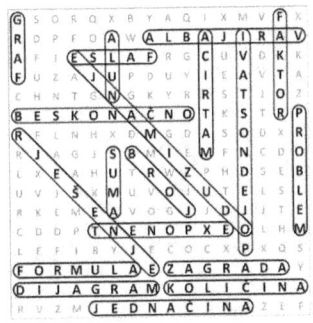

12 - Mitologia

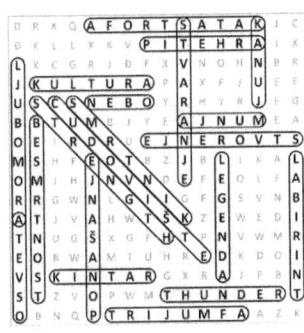

13 - Piante

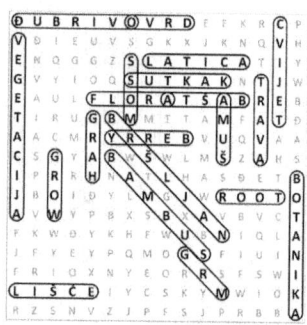

14 - Spezie

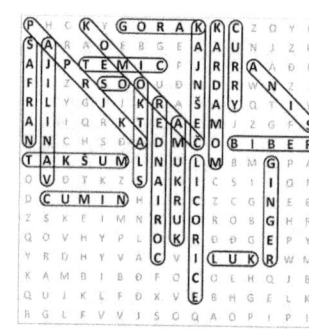

15 - Numeri

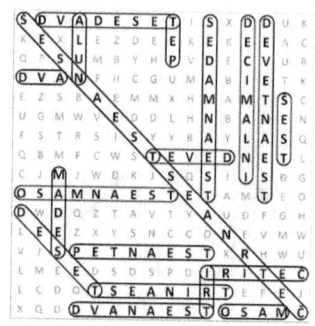

16 - Cioccolato

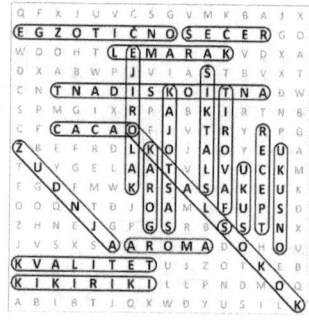

17 - Guida

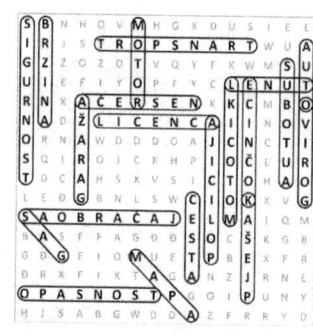

18 - I Media

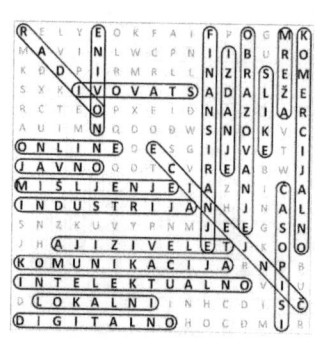

19 - Forza e Gravità

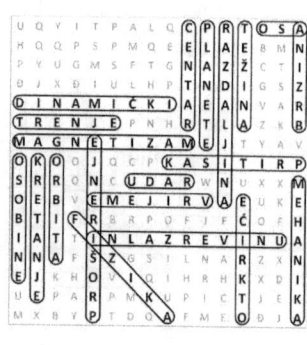

20 - Uccelli

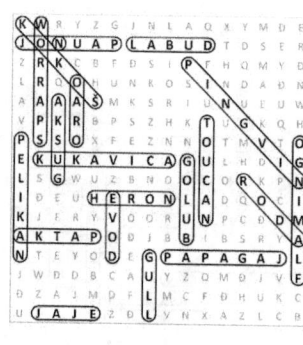

21 - Giorni e Mesi

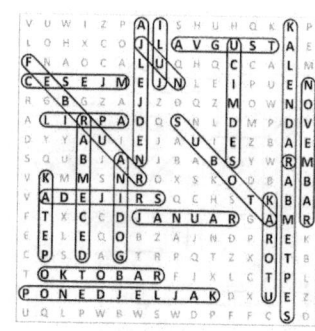

22 - Casa

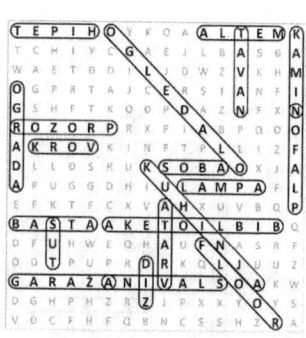

23 - Fantascienza

24 - Città

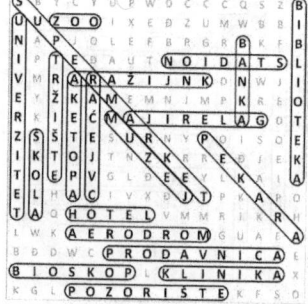

25 - Fattoria #1

26 - Psicologia

27 - Paesaggi

28 - Energia

29 - L'Azienda

30 - Giardino

31 - Riscaldamento GI

32 - Frutta

33 - Fattoria #2

34 - Verdure

35 - Musica

36 - Barbecue

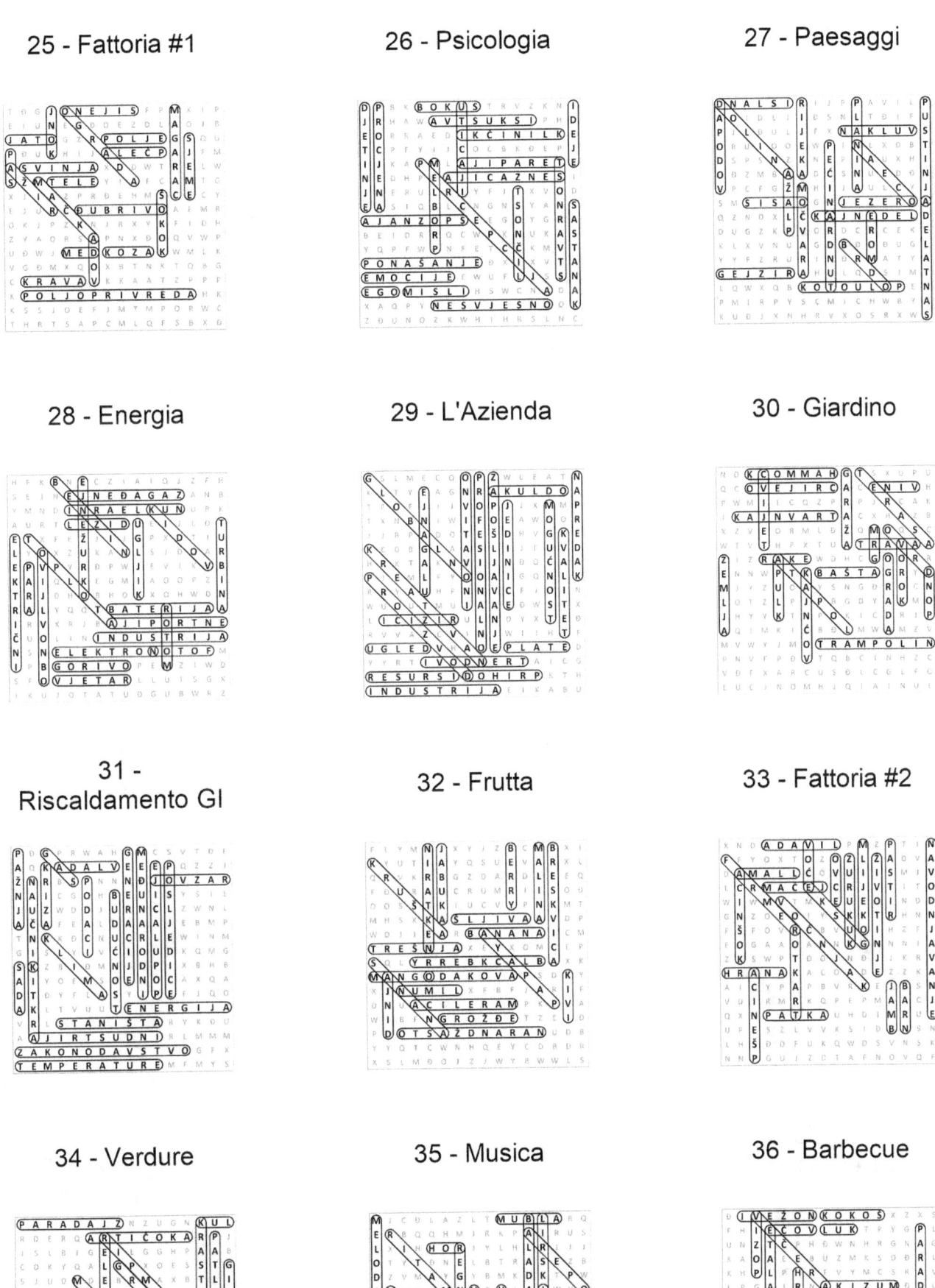

37 - Insetti

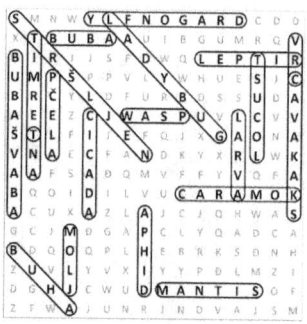

38 - Fisica

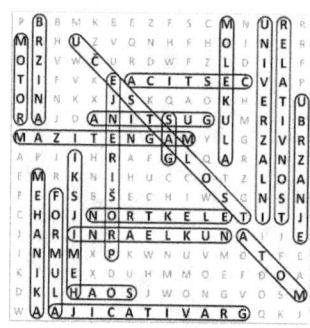

39 - Agronomia

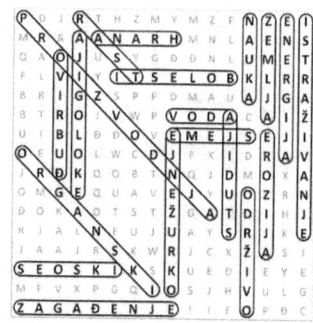

40 - Erboristeria

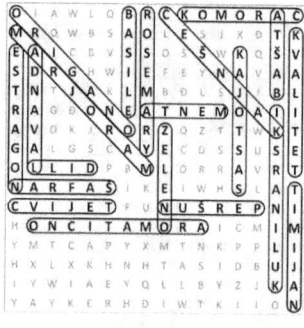

41 - Biologia

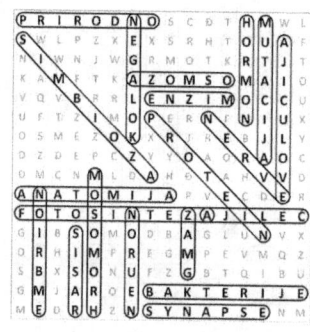

42 - Attività Commerciale

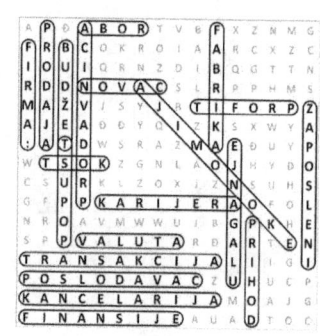

43 - Fiori

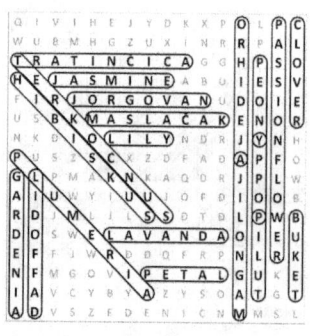

44 - Filantropia

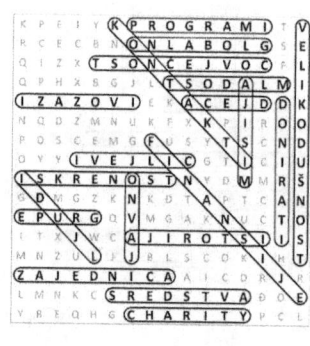

45 - Ecologia

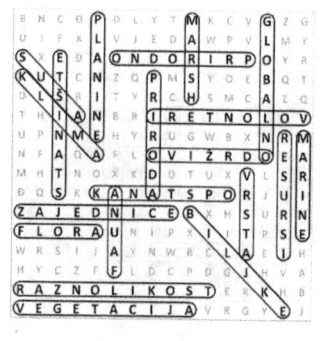

46 - Discipline Scientifiche

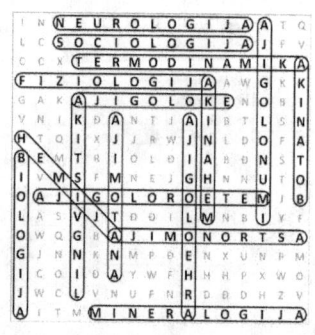

47 - Scienza

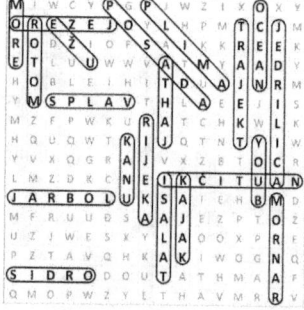

48 - Imbarcazioni

49 - Chimica

50 - Api

51 - Strumenti Musicali

52 - Professioni #2

53 - Letteratura

54 - Cibo #2

55 - Nutrizione

56 - Matematica

57 - Meditazione

58 - Elettricità

59 - Antiquariato

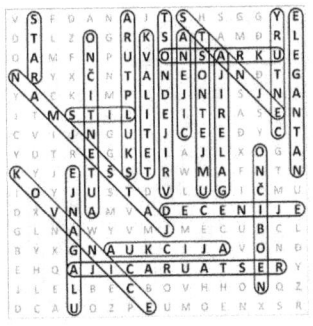

60 - Fotografia

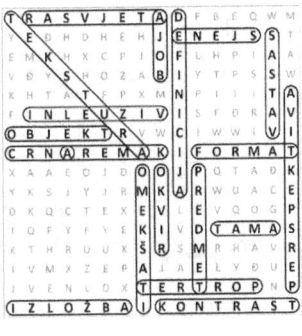

61 - Escursionismo

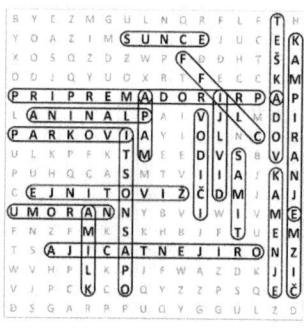

62 - Professioni #1

63 - Antartide

64 - Libri

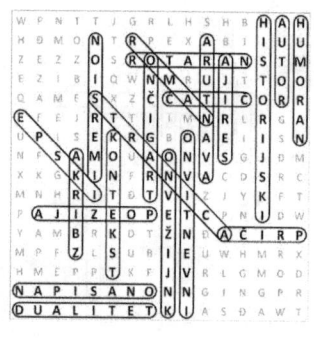

65 - Geografia

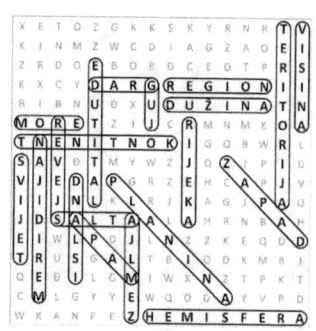

66 - Cibo #1

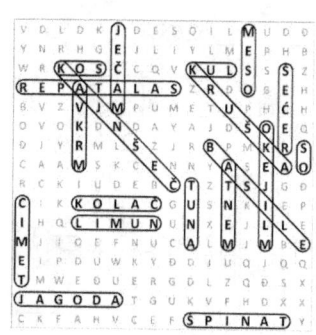

67 - Aeroplani

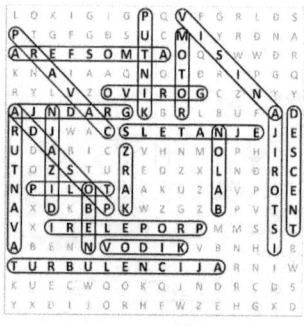

68 - Governo

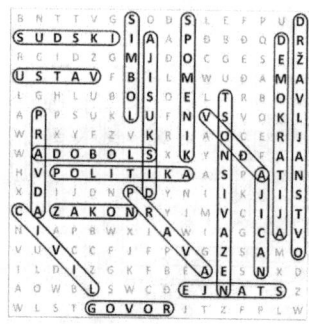

69 - Colori

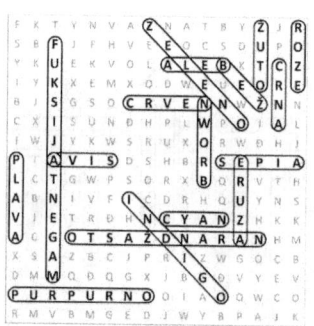

70 - Bellezza

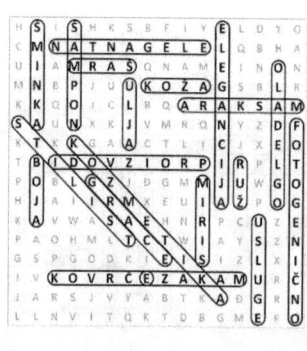

71 - Avventura

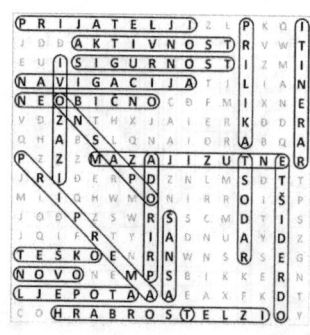

72 - Forme

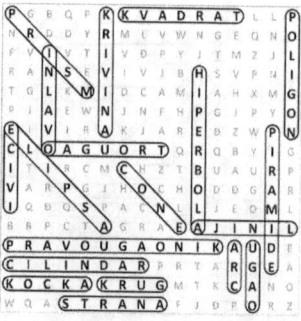

73 - Oceano

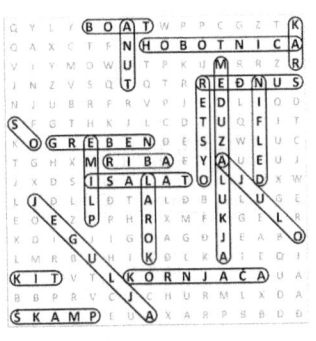

74 - Famiglia

75 - Creatività

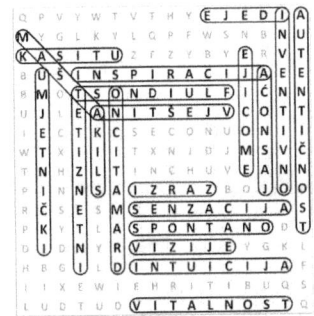

76 - Veicoli

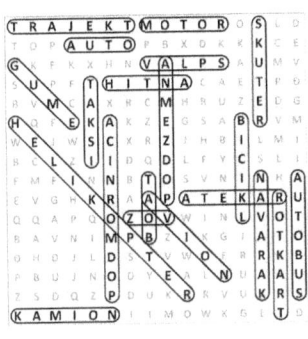

77 - Natura

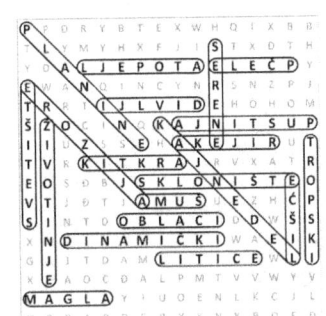

78 - Balletto

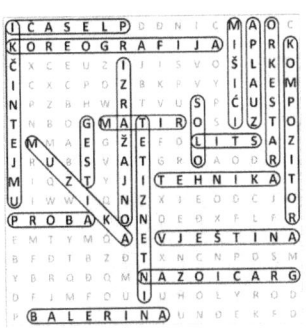

79 - Paesi #1

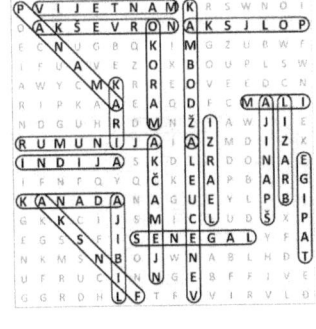

80 - Geometria

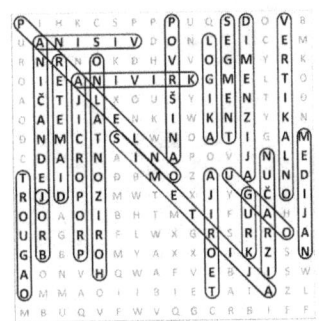

81 - Foresta Pluviale

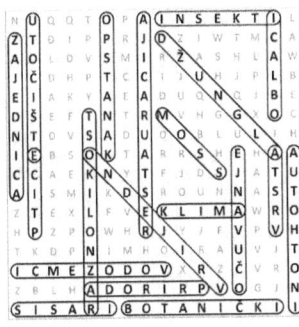

82 - Edifici

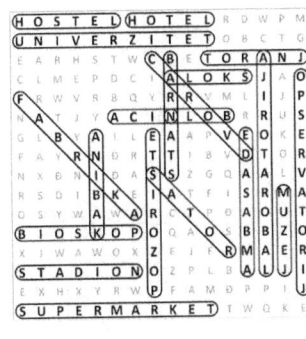

83 - Malattia

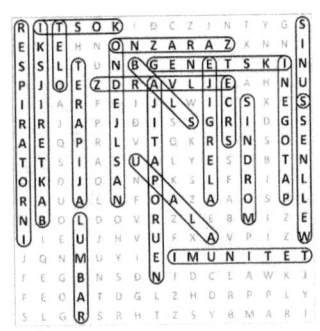

84 - Paesi #2

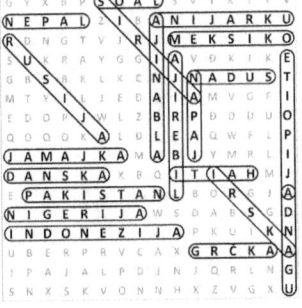

85 - Tipi di Capelli

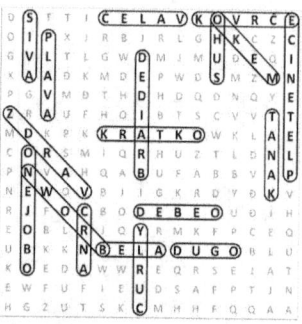

86 - Vestiti

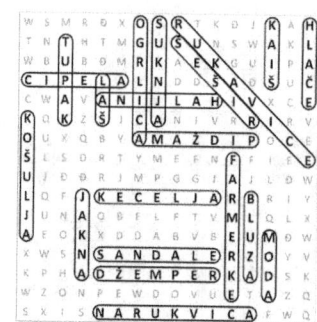

87 - Attività e Tempo Libero

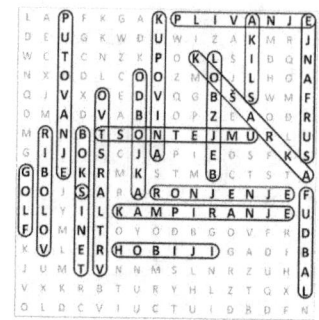

88 - Tecnologia

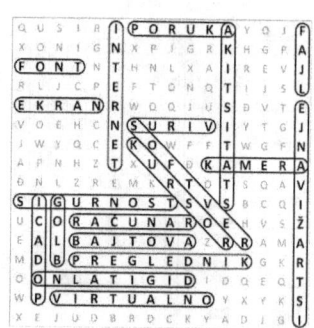

89 - Meteo

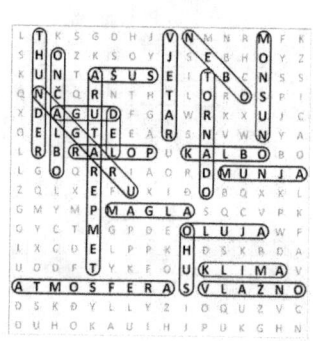

90 - Corpo Umano

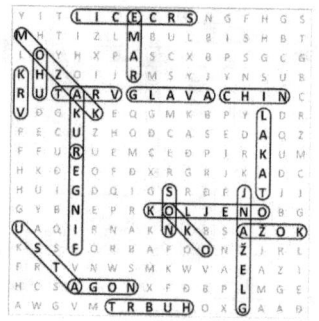

91 - Mammiferi

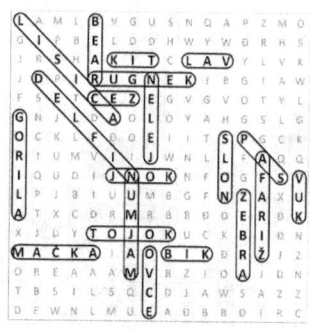

92 - Cucina

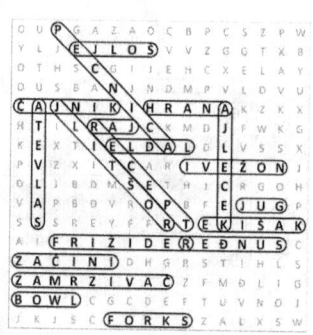

93 - Giardinaggio

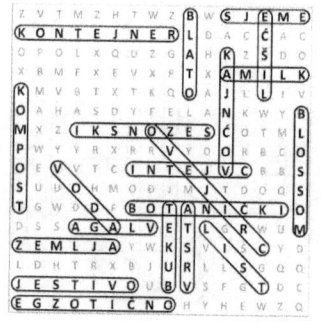

94 - Universo

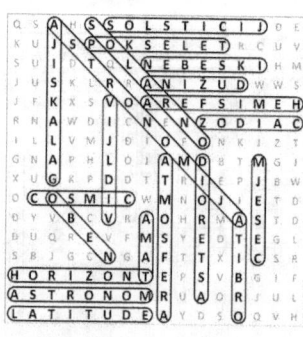

95 - Jazz

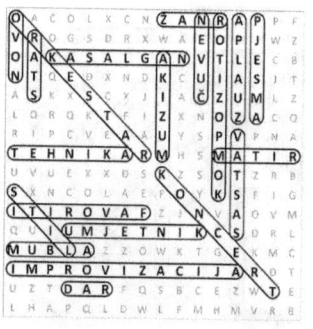

96 - Vacanze #2

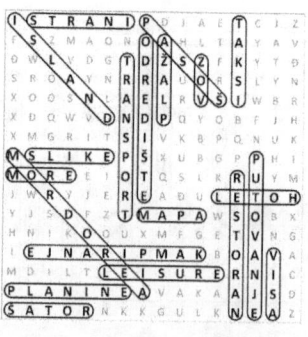

97 - Attività

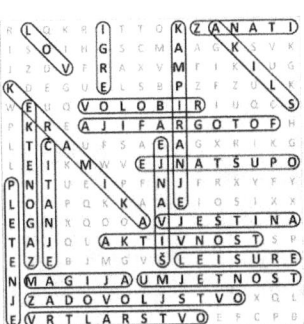

98 - Diplomazia

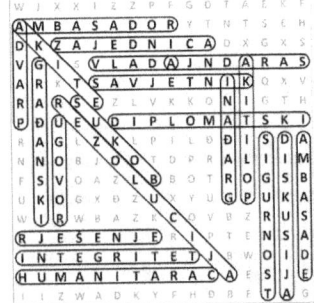

99 - Forniture Artistiche

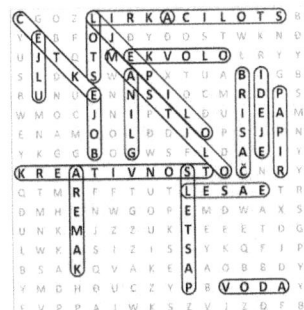

100 - Misurazioni

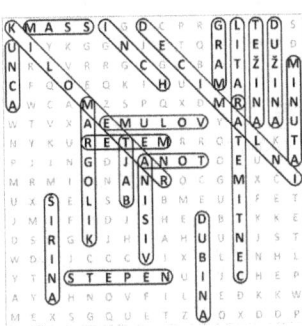

Dizionario

Aeroplani
Avioni

Altezza	Visina
Aria	Zrak
Atmosfera	Atmosfera
Atterraggio	Sletanje
Avventura	Avantura
Carburante	Gorivo
Cielo	Nebo
Costruzione	Gradnja
Design	Dizajn
Direzione	Pravac
Discesa	Descent
Eliche	Propeleri
Equipaggio	Posada
Idrogeno	Vodik
Motore	Motor
Palloncino	Balon
Passeggero	Putnik
Pilota	Pilot
Storia	Istorija
Turbolenza	Turbulencija

Aggettivi #1
Pridjevi #1

Ambizioso	Ambiciozno
Aromatico	Aromaticno
Artistico	Umjetnički
Assoluto	Potpuni
Attivo	Aktivno
Enorme	Ogroman
Esotico	Egzotično
Generoso	Velikodušan
Giovane	Mlad
Grande	Veliko
Identico	Identični
Importante	Bitan
Lento	Spor
Lungo	Dugo
Moderno	Moderna
Onesto	Iskren
Perfetto	Savršeno
Pesante	Teška
Prezioso	Vrijedno
Sottile	Tanak

Aggettivi #2
Pridjevi #2

Italiano	Hrvatski
Affamato	Gladan
Asciutto	Suho
Autentico	Autentično
Creativo	Kreativan
Descrittivo	Opisno
Dolce	Slatko
Drammatico	Dramaticno
Elegante	Elegantan
Famoso	Čuven
Forte	Jak
Interessante	Zanimljivo
Naturale	Prirodno
Normale	Normalno
Nuovo	Novo
Orgoglioso	Ponosan
Produttivo	Produktivno
Puro	Čisto
Responsabile	Odgovoran
Salato	Slano
Sano	Zdrav

Agronomia
Agronomija

Italiano	Hrvatski
Acqua	Voda
Agricoltura	Poljoprivreda
Ambiente	Okruženje
Cibo	Hrana
Crescita	Rast
Ecologia	Ekologija
Energia	Energija
Erosione	Erozija
Fertilizzante	Đubrivo
Inquinamento	Zagađenje
Malattie	Bolesti
Organico	Organski
Produzione	Proizvodnja
Ricerca	Istraživanje
Rurale	Seoski
Scienza	Nauka
Semi	Sjeme
Sostenibile	Održivo
Studio	Studija
Suolo	Zemlja

Algebra
Algebra

Italiano	Hrvatski
Diagramma	Dijagram
Equazione	Jednačina
Esponente	Exponent
Falso	False
Fattore	Faktor
Formula	Formula
Grafico	Graf
Infinito	Beskonačno
Matrice	Matrica
Numero	Broj
Parentesi	Zagrada
Problema	Problem
Quantità	Količina
Semplificare	Pojednostavi
Soluzione	Rješenje
Somma	Suma
Sottrazione	Oduzimanje
Variabile	Varijabla
Zero	Nula

Antartide
Antarktika

Italiano	Hrvatski
Acqua	Voda
Ambiente	Okruženje
Baia	Bay
Balene	Kitovi
Conservazione	Očuvanje
Continente	Kontinent
Esplorazione	Istraživanje
Geografia	Geografija
Ghiacciai	Glečeri
Ghiaccio	Led
Migrazione	Migracija
Minerali	Minerali
Nuvole	Oblaci
Penisola	Poluotok
Ricercatore	Istraživač
Roccioso	Rocky
Scientifico	Naučni
Spedizione	Ekspedicija
Temperatura	Temperatura
Topografia	Topografija

Antiquariato
Antikviteti

Arte	Umjetnost
Asta	Aukcija
Autentico	Autentično
Condizione	Stanje
Decenni	Decenije
Decorativo	Ukrasno
Elegante	Elegantan
Galleria	Galerija
Insolito	Neobično
Investimento	Ulaganje
Mobilio	Namještaj
Monete	Kovanice
Prezzo	Cijena
Qualità	Kvalitet
Restauro	Restauracija
Scultura	Skulptura
Secolo	Century
Stile	Stil
Valore	Vrijednost
Vecchio	Star

Api
Pčele

Ali	Krila
Alveare	Hive
Benefico	Korisno
Cera	Wax
Cibo	Hrana
Diversità	Raznolikost
Ecosistema	Ekosistem
Fiori	Cvijeće
Fiorire	Blossom
Frutta	Voće
Fumo	Dim
Giardino	Bašta
Habitat	Stanište
Insetto	Insekt
Miele	Med
Piante	Biljke
Polline	Polen
Regina	Kraljica
Sciame	Roj
Sole	Sunce

Archeologia
Arheologija

Analisi	Analiza
Antichità	Antika
Antico	Drevni
Civiltà	Civilizacija
Discendente	Potomak
Era	Era
Esperto	Stručnjak
Fossile	Fosil
Frammenti	Fragmenti
Mistero	Misterija
Oggetti	Objekti
Ossa	Kosti
Professore	Profesor
Reliquia	Relikvija
Ricercatore	Istraživač
Sconosciuto	Nepoznat
Squadra	Tim
Tempio	Hram
Tomba	Grobnica
Valutazione	Procjena

Astronomia
Astronomija

Asteroide	Asteroid
Astronauta	Astronaut
Astronomo	Astronom
Cielo	Nebo
Cosmo	Cosmos
Costellazione	Sazviježđe
Equinozio	Equinox
Galassia	Galaksija
Gravità	Gravitacija
Luna	Mjesec
Meteora	Meteor
Nebulosa	Nebula
Osservatorio	Opservatorij
Pianeta	Planeta
Radiazione	Zračenje
Razzo	Raketa
Supernova	Supernova
Telescopio	Teleskop
Terra	Zemlja
Universo	Svemir

Attività
Aktivnosti

Abilità	Vještina
Arte	Umjetnost
Artigianato	Zanati
Attività	Aktivnost
Caccia	Lov
Campeggio	Kampiranje
Ceramica	Keramika
Cucire	Šivanje
Fotografia	Fotografija
Giardinaggio	Vrtlarstvo
Giochi	Igre
Lettura	Čitanje
Magia	Magija
Maglieria	Pletenje
Pesca	Ribolov
Piacere	Zadovoljstvo
Pittura	Slika
Puzzle	Zagonetke
Rilassamento	Opuštanje
Tempo Libero	Leisure

Attività Commerciale
Biznisni Fax

Bilancio	Budžet
Carriera	Karijera
Costo	Kost
Datore di Lavoro	Poslodavac
Dipendente	Zaposleni
Economia	Ekonomija
Fabbrica	Fabrika
Finanza	Finansije
Investimento	Ulaganje
Merce	Roba
Negozio	Prodavnica
Profitto	Profit
Reddito	Prihod
Sconto	Popust
Società	Firma:
Soldi	Novac
Transazione	Transakcija
Ufficio	Kancelarija
Valuta	Valuta
Vendita	Prodaja

Attività e Tempo Libero
Aktivnosti i Slobodno Vr

Arte	Umjetnost
Baseball	Bejzbol
Basket	Košarka
Boxe	Boks
Calcio	Fudbal
Campeggio	Kampiranje
Giardinaggio	Vrtlarstvo
Golf	Golf
Hobby	Hobiji
Immersione	Ronjenje
Nuoto	Plivanje
Pallavolo	Odbojka
Pesca	Ribolov
Pittura	Slika
Shopping	Kupovina
Surf	Surfanje
Tennis	Tenis
Viaggio	Putovanje

Avventura
Avantura

Amici	Prijatelji
Attività	Aktivnost
Bellezza	Ljepota
Caso	Šansa
Coraggio	Hrabrost
Destinazione	Odredište
Difficoltà	Teško
Entusiasmo	Entuzijazam
Escursione	Izlet
Gioia	Radost
Insolito	Neobično
Itinerario	Itinerar
Natura	Priroda
Navigazione	Navigacija
Nuovo	Novo
Opportunità	Prilika
Pericoloso	Opasno
Preparazione	Priprema
Sfide	Izazovi
Sicurezza	Sigurnost

Balletto
Balet

Abilità	Vještina
Applauso	Aplauz
Artistico	Umjetnički
Assolo	Solo
Ballerina	Balerina
Ballerini	Plesači
Compositore	Kompozitor
Coreografia	Koreografija
Espressivo	Izražajno
Gesto	Gest
Grazioso	Graciozan
Intensità	Intenzitet
Muscoli	Mišići
Musica	Muzika
Orchestra	Orkestar
Prova	Proba
Ritmo	Ritam
Stile	Stil
Tecnica	Tehnika

Barbecue
Roštilji

Caldo	Vruće
Cena	Večera
Cibo	Hrana
Cipolle	Luk
Coltelli	Noževi
Estate	Leto
Fame	Glad
Famiglia	Porodica
Frutta	Voće
Giochi	Igre
Griglia	Roštilj
Insalate	Salate
Invito	Poziv
Musica	Muzika
Pepe	Biber
Pollo	Kokoš
Pomodori	Paradajz
Pranzo	Ručak
Sale	So
Salsa	Sos

Bellezza
Ljepota

Colore	Boja
Cosmetici	Kozmetika
Elegante	Elegantan
Eleganza	Elegancija
Fascino	Šarm
Forbici	Makaze
Fotogenico	Fotogenično
Fragranza	Miris
Grazia	Grace
Mascara	Maskara
Oli	Ulja
Pelle	Koža
Prodotti	Proizvodi
Riccioli	Kovrče
Rossetto	Ruž
Servizi	Usluge
Shampoo	Šampon
Specchio	Ogledalo
Stilista	Stilist
Trucco	Šminka

Biologia
Biologija

Anatomia	Anatomija
Batteri	Bakterije
Cellula	Ćelija
Collagene	Kolagen
Cromosoma	Hromosom
Embrione	Embrion
Enzima	Enzim
Evoluzione	Evolucija
Fotosintesi	Fotosinteza
Mammifero	Sisar
Mutazione	Mutacija
Naturale	Prirodno
Nervo	Nerve
Neurone	Neuron
Ormone	Hormon
Osmosi	Osmoza
Proteina	Protein
Rettile	Gmaz
Simbiosi	Simbioza
Sinapsi	Synapse

Campeggio
Kampovanje

Alberi	Drveće
Amaca	Hammock
Animali	Životinje
Avventura	Avantura
Bussola	Kompas
Cabina	Kabina
Caccia	Lov
Canoa	Kanu
Cappello	Šešir
Corda	Uže
Divertimento	Zabava
Foresta	Šuma
Fuoco	Pali!
Insetto	Insekt
Lago	Jezero
Luna	Mjesec
Mappa	Mapa
Montagna	Planina
Natura	Priroda
Tenda	Šator

Casa
Kuća

Attico	Tavan
Biblioteca	Biblioteka
Camera	Soba
Camino	Kamin
Cucina	Kuhinja
Doccia	Tuš
Finestra	Prozor
Garage	Garaža
Giardino	Bašta
Lampada	Lampa
Parete	Zid
Pavimento	Floor
Porta	Vrata
Recinto	Ograda
Rubinetto	Slavina
Scopa	Metla
Soffitto	Plafon
Specchio	Ogledalo
Tappeto	Tepih
Tetto	Krov

Chimica
Hemija

Acido	Kiselina
Alcalino	Alkalna
Atomico	Atomski
Calore	Toplota
Carbonio	Ugljik
Catalizzatore	Katalizator
Cloro	Hlor
Elettrone	Elektron
Enzima	Enzim
Gas	Gas
Idrogeno	Vodik
Ione	Ion
Liquido	Liquid
Molecola	Molekula
Nucleare	Nuklearni
Organico	Organski
Ossigeno	Kisik
Peso	Težina
Sale	So
Temperatura	Temperatura

Cibo #1
Hrana # 1

Aglio	Češnjak
Basilico	Basile
Cannella	Cimet
Carne	Meso
Carota	Mrkva
Cipolla	Luk
Fragola	Jagoda
Insalata	Salata
Latte	Mlijeko
Limone	Limun
Menta	Menta
Orzo	Ječam
Pera	Kruška
Rapa	Repa
Sale	So
Spinaci	Špinat
Succo	Sok
Tonno	Tuna
Torta	Kolač
Zucchero	Šećer

Cibo #2
Hrana # 2

Banana	Banana
Broccolo	Brokula
Ciliegia	Trešnja
Cioccolato	Čokolada
Formaggio	Sir
Fungo	Gljiva
Grano	Pšenica
Kiwi	Kivi
Mela	Jabuka
Melanzana	Patlidžan
Pane	Kruh
Pesce	Riba
Pollo	Kokoš
Pomodoro	Paradajz
Prosciutto	Šunka
Riso	Riža
Sedano	Celer
Uovo	Jaje
Uva	Grožđe
Yogurt	Jogurt

Cioccolato
Čokolada

Amaro	Gorak
Antiossidante	Antioksidant
Arachidi	Kikiriki
Aroma	Aroma
Brama	Žudnja
Cacao	Cacao
Calorie	Kalorije
Caramella	Slatkiš
Caramello	Karamel
Delizioso	Ukusno
Dolce	Slatko
Esotico	Egzotično
Gusto	Ukus
Ingrediente	Sastojak
Noce di Cocco	Kokos
Preferito	Favorit
Qualità	Kvalitet
Ricetta	Recept
Zucchero	Šećer

Città
Grad

Aeroporto	Aerodrom
Banca	Banka
Biblioteca	Biblioteka
Cinema	Bioskop
Clinica	Klinika
Farmacia	Apoteka
Fiorista	Cvjećar
Galleria	Galerija
Hotel	Hotel
Libreria	Knjižara
Mercato	Tržište
Museo	Muzej
Negozio	Prodavnica
Panetteria	Pekara
Scuola	Škola
Stadio	Stadion
Supermercato	Supermarket
Teatro	Pozorište
Università	Univerzitet
Zoo	Zoo

Colori
Boje

Arancia	Narandžasto
Azzurro	Azure
Beige	Bež
Bianco	Bela
Blu	Plava
Ciano	Cyan
Fucsia	Fuksija
Giallo	Žuto
Grigio	Siva
Indaco	Indigo
Magenta	Magenta
Marrone	Brown
Nero	Crna
Rosa	Roze
Rosso	Crven
Seppia	Sepia
Verde	Zeleno
Viola	Purpurno

Corpo Umano
Ljudsko Tijelo

Bocca	Usta
Caviglia	Gležanj
Cervello	Mozak
Collo	Vrat
Cuore	Srce
Dito	Finger
Faccia	Lice
Gamba	Noga
Ginocchio	Koljeno
Gomito	Lakat
Mano	Ruka
Mento	Chin
Naso	Nos
Occhio	Oko
Orecchio	Uho
Pelle	Koža
Sangue	Krv
Spalla	Rame
Stomaco	Trbuh
Testa	Glava

Creatività
Kreativnost

Abilità	Vještina
Artistico	Umjetnički
Autenticità	Autentičnost
Chiarezza	Jasnoća
Drammatico	Dramaticno
Emozioni	Emocije
Espressione	Izraz
Fluidità	Fluidnost
Idee	Ideje
Immaginazione	Mašta
Immagine	Slika
Impressione	Utisak
Intensità	Intenzitet
Intuizione	Intuicija
Inventivo	Inventivno
Ispirazione	Inspiracija
Sensazione	Senzacija
Spontaneo	Spontano
Visioni	Vizije
Vitalità	Vitalnost

Cucina
Kuhinja

Bollitore	Čajnik
Brocca	Jug
Cibo	Hrana
Ciotola	Bowl
Coltelli	Noževi
Congelatore	Zamrzivač
Cucchiai	Kašike
Forchette	Forks
Forno	Pecnica
Frigorifero	Frižider
Grembiule	Kecelja
Griglia	Roštilj
Mestolo	Ladle
Ricetta	Recept
Spezie	Začini
Spugna	Sunđer
Tazze	Šolje
Tovagliolo	Salveta
Vaso	Jar

Diplomazia
Diplomatija

Ambasciata	Ambasade
Ambasciatore	Ambasador
Cittadini	Građani
Civico	Građanski
Comunità	Zajednica
Conflitto	Sukob
Consigliere	Savjetnik
Cooperazione	Saradnja
Diplomatico	Diplomatski
Discussione	Diskusija
Etica	Etika
Giustizia	Pravda
Governo	Vlada
Integrità	Integritet
Politica	Politika
Risoluzione	Rezolucija
Sicurezza	Sigurnost
Soluzione	Rješenje
Trattato	Ugovor
Umanitario	Humanitarac

Discipline Scientifiche
Naučne Discipline

Anatomia	Anatomija
Archeologia	Arheologija
Astronomia	Astronomija
Biochimica	Biohemija
Biologia	Biologija
Botanica	Botanika
Chimica	Hemija
Ecologia	Ekologija
Fisiologia	Fiziologija
Geologia	Geologija
Immunologia	Imunologija
Linguistica	Lingvistika
Meccanica	Mehanika
Meteorologia	Meteorologija
Mineralogia	Mineralogija
Neurologia	Neurologija
Psicologia	Psihologija
Sociologia	Sociologija
Termodinamica	Termodinamika
Zoologia	Zoologija

Ecologia
Ekologija

Clima	Klima
Comunità	Zajednice
Diversità	Raznolikost
Fauna	Fauna
Flora	Flora
Globale	Globalno
Habitat	Stanište
Marino	Marine
Montagne	Planine
Natura	Priroda
Naturale	Prirodno
Palude	Marsh
Piante	Biljke
Risorse	Resursi
Siccità	Suša
Sopravvivenza	Opstanak
Sostenibile	Održivo
Specie	Vrsta
Vegetazione	Vegetacija
Volontari	Volonteri

Edifici
Zgrade

Ambasciata	Ambasade
Appartamento	Stan
Cabina	Kabina
Castello	Dvorac
Cinema	Bioskop
Fabbrica	Fabrika
Fienile	Barn
Hotel	Hotel
Laboratorio	Laboratorija
Museo	Muzej
Ospedale	Bolnica
Osservatorio	Opservatorij
Ostello	Hostel
Scuola	Škola
Stadio	Stadion
Supermercato	Supermarket
Teatro	Pozorište
Tenda	Šator
Torre	Toranj
Università	Univerzitet

Elettricità
Elektricitet

Attrezzatura	Oprema
Batteria	Baterija
Cavo	Kabl
Conservazione	Skladište
Elettricista	Električar
Elettrico	Električni
Fili	Žice
Generatore	Generator
Lampada	Lampa
Lampadina	Sijalica
Laser	Laser
Magnete	Magnet
Negativo	Negativno
Oggetti	Objekti
Positivo	Pozitivno
Presa	Socket
Quantità	Količina
Rete	Mreža
Telefono	Telefon
Televisione	Televizija

Energia
Energija

Ambiente	Okruženje
Batteria	Baterija
Benzina	Benzin
Calore	Toplota
Carbonio	Ugljik
Carburante	Gorivo
Diesel	Dizel
Elettrico	Električni
Elettrone	Elektron
Entropia	Entropija
Fotone	Foton
Idrogeno	Vodik
Industria	Industrija
Inquinamento	Zagađenje
Motore	Motor
Nucleare	Nuklearni
Rinnovabile	Obnovljivo
Turbina	Turbina
Vapore	Para
Vento	Vjetar

Erboristeria
Herbalizam

Aglio	Češnjak
Aneto	Dill
Aromatico	Aromaticno
Basilico	Basile
Culinario	Kulinarski
Dragoncello	Estragon
Finocchio	Komorač
Fiore	Cvijet
Giardino	Bašta
Ingrediente	Sastojak
Lavanda	Lavanda
Maggiorana	Marjoram
Menta	Menta
Origano	Origano
Prezzemolo	Peršun
Qualità	Kvalitet
Rosmarino	Rosemary
Timo	Timijan
Verde	Zeleno
Zafferano	Šafran

Escursionismo
Planinarenje

Acqua	Voda
Animali	Životinje
Campeggio	Kampiranje
Clima	Klima
Guide	Vodiči
Mappa	Mapa
Montagna	Planina
Natura	Priroda
Orientamento	Orijentacija
Parchi	Parkovi
Pericoli	Opasnosti
Pesante	Teška
Pietre	Kamenje
Preparazione	Priprema
Scogliera	Cliff
Selvaggio	Divlji
Sole	Sunce
Stanco	Umoran
Stivali	Čizme
Vertice	Samit

Famiglia
Porodično Ime

Antenato	Predak
Bambini	Djeca
Bambino	Dijete
Cugino	Rođak
Figlia	Kćerka
Fratello	Brate
Gemelli	Blizanci
Infanzia	Djetinje
Madre	Majka
Marito	Suprug
Materno	Majčinska
Moglie	Supruga
Nipote	Nećak
Nonna	Baka
Nonno	Djed
Padre	Otac
Paterno	Paternal
Sorella	Sestra
Zia	Tetka
Zio	Ujak

Fantascienza
Znanstvena Fantastika

Atomico	Atomic
Cinema	Bioskop
Distopia	Distopija
Esplosione	Eksplozija
Estremo	Extreme
Fantastico	Fantastično
Fuoco	Pali!
Futuristico	Futuristički
Galassia	Galaksija
Illusione	Iluzija
Immaginario	Imaginarno
Libri	Knjige
Misterioso	Misteriozno
Mondo	Svijet
Oracolo	Oracle
Pianeta	Planeta
Robot	Roboti
Scenario	Scenario
Tecnologia	Tehnologija
Utopia	Utopija

Fattoria #1
Farma # 1

Acqua	Voda
Agricoltura	Poljoprivreda
Ape	Pčela
Asino	Magarac
Campo	Polje
Cane	Pas
Capra	Koza
Cavallo	Konj
Fertilizzante	Đubrivo
Fieno	Sijeno
Gatto	Mačka
Gregge	Jato
Maiale	Svinja
Miele	Med
Mucca	Krava
Pollo	Kokoš
Recinto	Ograda
Riso	Riža
Semi	Sjeme
Vitello	Tele

Fattoria #2
Farma #2

Agnello	Jamb
Agricoltore	Farmer
Alveare	Košnica
Anatra	Patka
Animali	Životinje
Cibo	Hrana
Fienile	Barn
Frutta	Voće
Frutteto	Voćnjak
Grano	Pšenica
Irrigazione	Navodnjavanje
Lama	Llama
Latte	Mlijeko
Mais	Kukuruz
Oche	Guske
Orzo	Ječam
Pastore	Pastir
Pecora	Ovce
Prato	Livada
Trattore	Traktor

Filantropia
Filantropija

Bambini	Djeca
Carità	Charity
Comunità	Zajednica
Contatti	Kontakti
Donare	Donirati
Finanza	Finansije
Fondi	Sredstva
Generosità	Velikodušnost
Gioventù	Mladost
Globale	Globalno
Gruppi	Grupe
Missione	Misija
Obiettivi	Ciljevi
Onestà	Iskrenost
Persone	Ljudi
Programmi	Programi
Pubblico	Javno
Sfide	Izazovi
Storia	Istorija
Umanità	Čovječnost

Fiori
Cvijeće

Dente di Leone	Maslačak
Gardenia	Gardenia
Gelsomino	Jasmine
Giglio	Lily
Girasole	Suncokret
Ibisco	Hibiskus
Lavanda	Lavanda
Lilla	Jorgovan
Magnolia	Magnolija
Margherita	Tratinčica
Mazzo	Buket
Narciso	Daffodil
Orchidea	Orhideja
Papavero	Poppy
Passiflora	Passionflower
Peonia	Peony
Petalo	Petal
Plumeria	Plumeria
Trifoglio	Clover
Tulipano	Tulip

Fisica
Fizika

Accelerazione	Ubrzanje
Atomo	Atom
Caos	Haos
Chimico	Hemijski
Densità	Gustina
Elettrone	Elektron
Espansione	Proširenje
Formula	Formula
Frequenza	Učestalost
Gas	Gas
Gravità	Gravitacija
Magnetismo	Magnetizam
Meccanica	Mehanika
Molecola	Molekula
Motore	Motor
Nucleare	Nuklearni
Particella	Čestica
Relatività	Relativnost
Universale	Univerzalni
Velocità	Brzina

Foresta Pluviale
Kišna Šuma

Anfibi	Vodozemci
Botanico	Botanički
Clima	Klima
Comunità	Zajednica
Diversità	Raznolikost
Giungla	Džungla
Indigeno	Autohtoni
Insetti	Insekti
Mammiferi	Sisari
Muschio	Moss
Natura	Priroda
Nuvole	Oblaci
Preservazione	Očuvanje
Prezioso	Vrijedno
Restauro	Restauracija
Rifugio	Utočište
Sopravvivenza	Opstanak
Specie	Vrsta
Uccelli	Ptice

Forme
Oblici

Angolo	Ugao
Arco	Arc
Bordi	Ivice
Cerchio	Krug
Cilindro	Cilindar
Cono	Cone
Cubo	Kocka
Curva	Krivina
Ellisse	Elipsa
Iperbole	Hiperbola
Lato	Strana
Linea	Linija
Ovale	Ovalni
Piramide	Piramide
Poligono	Poligon
Prisma	Prism
Quadrato	Kvadrat
Rettangolo	Pravougaonik
Triangolo	Trougao

Forniture Artistiche
Umjetnički Pribor

Acqua	Voda
Acrilico	Akril
Argilla	Glina
Carta	Papir
Cavalletto	Easel
Colla	Ljepilo
Colori	Boje
Creatività	Kreativnost
Gomma	Brisač
Idee	Ideje
Inchiostro	Mastilo
Matite	Olovke
Olio	Ulje
Pastelli	Pastels
Sedia	Stolica
Spazzole	Četke
Tavolo	Stol
Telecamera	Kamera

Forza e Gravità
Sila i Gravitacija

Asse	Osa
Attrito	Trenje
Centro	Centar
Dinamico	Dinamički
Distanza	Razdaljina
Espansione	Proširenje
Fisica	Fizika
Impatto	Udar
Magnetismo	Magnetizam
Meccanica	Mehanika
Movimento	Kretanje
Orbita	Orbita
Peso	Težina
Pianeti	Planete
Pressione	Pritisak
Proprietà	Osobine
Scoperta	Otkriće
Tempo	Vrijeme
Universale	Univerzalni
Velocità	Brzina

Fotografia
Bibliografija

Ammorbidire	Omekšati
Buio	Tama
Colore	Boja
Composizione	Sastav
Contrasto	Kontrast
Cornice	Okvir
Definizione	Definicija
Esposizione	Izložba
Formato	Format
Illuminazione	Rasvjeta
Nero	Crna
Oggetto	Objekt
Ombre	Sjene
Prospettiva	Perspektiva
Ritratto	Portret
Soggetto	Predmet
Telecamera	Kamera
Trama	Tekstura
Visivo	Vizuelni

Frutta
Voće.

Albicocca	Marelica
Ananas	Ananas
Arancia	Narandžasto
Avocado	Avokado
Bacca	Berry
Banana	Banana
Ciliegia	Trešnja
Kiwi	Kivi
Lampone	Malina
Limone	Limun
Mango	Mango
Mela	Jabuka
Melone	Dinja
Mora	Blackberry
Nettarina	Nektarin
Papaia	Papaya
Pera	Kruška
Pesca	Breskvica
Prugna	Šljiva
Uva	Grožđe

Geografia
Bibliografija

Altitudine	Visina
Atlante	Atlas
Città	Grad
Continente	Kontinent
Emisfero	Hemisfera
Fiume	Rijeka
Isola	Island
Latitudine	Latitude
Longitudine	Dužina
Mappa	Mapa
Mare	More
Meridiano	Meridijan
Mondo	Svijet
Montagna	Planina
Nord	Sjever
Ovest	Zapad
Paese	Zemlja
Regione	Region
Sud	Jug
Territorio	Teritorija

Geologia
Geologija

Acido	Kiselina
Altopiano	Plateau
Calcio	Kalcij
Caverna	Pećina
Continente	Kontinent
Corallo	Koral
Cristalli	Kristali
Erosione	Erozija
Fossile	Fosil
Geyser	Gejzir
Lava	Lava
Minerali	Minerali
Pietra	Stone
Quarzo	Kvarc
Sale	So
Stalagmiti	Stalagmiti
Stalattite	Stalaktit
Strato	Sloj
Terremoto	Zemljotres
Vulcano	Vulkan

Geometria
Geometrija

Altezza	Visina
Angolo	Ugao
Calcolo	Izračun
Cerchio	Krug
Curva	Krivina
Diametro	Diameter
Dimensione	Dimenzija
Equazione	Jednačina
Logica	Logika
Mediano	Medijan
Numero	Broj
Orizzontale	Horizontalno
Parallelo	Paralelno
Proporzione	Proporcija
Segmento	Segment
Simmetria	Simetrija
Superficie	Površina
Teoria	Teorija
Triangolo	Trougao
Verticale	Vertikalno

Giardinaggio
Vrtlarstvo

Acqua	Voda
Botanico	Botanički
Clima	Klima
Commestibile	Jestivo
Compost	Kompost
Contenitore	Kontejner
Esotico	Egzotično
Fiorire	Blossom
Floreale	Cvjetni
Foglia	List
Fogliame	Lišće
Frutteto	Voćnjak
Mazzo	Buket
Semi	Sjeme
Specie	Vrsta
Sporco	Blato
Stagionale	Sezonski
Suolo	Zemlja
Tubo	Crijevo
Umidità	Vlaga

Giardino
Vrt

Albero	Drvo
Amaca	Hammock
Cespuglio	Grm
Erba	Trava
Erbacce	Korov
Fiore	Cvijet
Frutteto	Voćnjak
Garage	Garaža
Giardino	Bašta
Pala	Lopata
Panca	Klupa
Prato	Travnjak
Rastrello	Rake
Recinto	Ograda
Stagno	Pond
Suolo	Zemlja
Terrazza	Terasa
Trampolino	Trampolin
Tubo	Crijevo
Vite	Vine

Giorni e Mesi
Dani i Mjeseci

Agosto	Avgust
Anno	Godina
Aprile	April
Calendario	Kalendar
Dicembre	Decembar
Domenica	Nedjelja
Febbraio	Februar
Gennaio	Januar
Giugno	Jun
Luglio	Juli
Lunedì	Ponedjeljak
Martedì	Utorak
Mercoledì	Srijeda
Mese	Mjesec
Novembre	Novembar
Ottobre	Oktobar
Sabato	Subota
Settembre	Septembar
Settimana	Sedmicu
Venerdì	Petak

Governo
Vlada

Capo	Vođa
Cittadinanza	Državljanstvo
Civile	Civil
Costituzione	Ustav
Democrazia	Demokratija
Diritti	Prava
Discorso	Govor
Discussione	Diskusija
Giudiziario	Sudski
Giustizia	Pravda
Indipendenza	Nezavisnost
Legge	Zakon
Libertà	Sloboda
Monumento	Spomenik
Nazione	Nacija
Politica	Politika
Simbolo	Simbol
Stato	Stanje
Uguaglianza	Jednakost

Guida
Vožnja

Auto	Auto
Autobus	Autobus
Carburante	Gorivo
Freni	Kočnice
Garage	Garaža
Gas	Gas
Incidente	Nesreća
Licenza	Licenca
Mappa	Mapa
Moto	Motocikl
Motore	Motor
Pedonale	Pješak
Pericolo	Opasnost
Polizia	Policija
Sicurezza	Sigurnost
Strada	Cesta
Traffico	Saobraćaj
Trasporto	Transport
Tunnel	Tunel
Velocità	Brzina

I Media
Mediji

Atteggiamenti	Stavovi
Commerciale	Komercijalno
Comunicazione	Komunikacija
Digitale	Digitalno
Edizione	Izdanje
Educazione	Obrazovanje
Fatti	Činjenice
Finanziamento	Finansiranje
Foto	Slike
Giornali	Novine
Industria	Industrija
Intellettuale	Intelektualno
Locale	Lokalni
Online	Online
Opinione	Mišljenje
Pubblico	Javno
Radio	Radio
Rete	Mreža
Riviste	Časopisi
Televisione	Televizija

Imbarcazioni
Brodovi

Albero	Jarbol
Ancora	Sidro
Barca a Vela	Jedrilica
Boa	Buoy
Canoa	Kanu
Corda	Uže
Equipaggio	Posada
Fiume	Rijeka
Kayak	Kajak
Lago	Jezero
Mare	More
Marea	Plima
Marinaio	Mornar
Motore	Motor
Nautico	Nautički
Oceano	Ocean
Onde	Talasi
Traghetto	Trajekt
Yacht	Jahta
Zattera	Splav

Ingegneria
Inženjering

Angolo	Ugao
Asse	Osa
Calcolo	Izračun
Costruzione	Gradnja
Diagramma	Dijagram
Diametro	Diameter
Diesel	Dizel
Distribuzione	Distribucija
Energia	Energija
Forza	Strength
Leve	Poluge
Liquido	Liquid
Macchina	Mašina
Misurazione	Merenje
Motore	Motor
Profondità	Dubina
Propulsione	Pogon
Rotazione	Rotacija
Stabilità	Stabilnost
Struttura	Struktura

Insetti
Insekti

Afide	Aphid
Ape	Pčela
Calabrone	Stršljen
Cavalletta	Skakavac
Cicala	Cicada
Coccinella	Ladybug
Coleottero	Buba
Falena	Molj
Farfalla	Leptir
Formica	Ant
Larva	Larva
Libellula	Dragonfly
Locusta	Locust
Mantide	Mantis
Pulce	Buha
Scarafaggio	Bubašvaba
Termite	Termit
Verme	Crv
Vespa	Wasp
Zanzara	Komarac

Jazz
Džez

Album	Album
Applauso	Aplauz
Artista	Umjetnik
Canzone	Pjesma
Compositore	Kompozitor
Composizione	Sastav
Concerto	Koncert
Enfasi	Naglasak
Famoso	Čuven
Genere	Žanr
Improvvisazione	Improvizacija
Musica	Muzika
Nuovo	Novo
Orchestra	Orkestar
Preferiti	Favoriti
Ritmo	Ritam
Stile	Stil
Talento	Dar
Tecnica	Tehnika
Vecchio	Star

L'Azienda
Kompanija

Creativo	Kreativan
Decisione	Odluka
Globale	Globalno
Industria	Industrija
Innovativo	Inovativno
Investimento	Ulaganje
Occupazione	Zapošljavanje
Possibilità	Mogućnost
Presentazione	Prezentacija
Prodotto	Proizvod
Professionale	Profesionalno
Progresso	Napredak
Qualità	Kvalitet
Reddito	Prihod
Reputazione	Ugled
Rischi	Rizici
Risorse	Resursi
Salari	Plate
Tendenze	Trendovi
Unità	Jedinice

Letteratura
Književnost

Analisi	Analiza
Analogia	Analogija
Aneddoto	Anegdota
Autore	Autor
Biografia	Biografija
Conclusione	Zaključak
Confronto	Poređenje
Descrizione	Opis
Dialogo	Dijalog
Genere	Žanr
Metafora	Metafora
Opinione	Mišljenje
Poesia	Poema
Poetico	Poetika
Rima	Rima
Ritmo	Ritam
Romanzo	Roman
Stile	Stil
Tema	Tema
Tragedia	Tragedija

Libri
Knjige

Autore	Autor
Avventura	Avantura
Collezione	Zbirka
Contesto	Kontekst
Dualità	Dualitet
Epico	Epski
Immersione	Imersion
Inventivo	Inventivno
Letterario	Književno
Lettore	Čitač
Narratore	Narator
Pagina	Stranica
Poesia	Poezija
Romanzo	Roman
Scritto	Napisano
Serie	Serija
Storia	Priča
Storico	Historijski
Tragico	Tragično
Umoristico	Humoran

Malattia
Bolesti

Allergie	Alergije
Batterico	Bakterijski
Benessere	Wellness
Contagioso	Zarazno
Corpo	Telo
Cuore	Srce
Debole	Slab
Ereditario	Nasljedno
Genetico	Genetski
Immunità	Imunitet
Infiammazione	Upala
Lombare	Lumbar
Neuropatia	Neuropatija
Ossa	Kosti
Patogeni	Patogeni
Respiratorio	Respiratorni
Salute	Zdravlje
Seno	Sinus
Sindrome	Sindrom
Terapia	Terapija

Mammiferi
Sisavci

Balena	Kit
Cane	Pas
Canguro	Kengur
Cavallo	Konj
Cervo	Jelen
Coniglio	Zec
Coyote	Kojot
Delfino	Delfin
Elefante	Slon
Gatto	Mačka
Giraffa	Žirafa
Gorilla	Gorila
Leone	Lav
Lupo	Vuk
Orso	Bear
Pecora	Ovce
Scimmia	Majmun
Toro	Bik
Volpe	Lisica
Zebra	Zebra

Matematica
Matematiäťki

Angoli	Uglovi
Aritmetica	Aritmetika
Circonferenza	Obim
Decimale	Decimalni
Diametro	Diameter
Equazione	Jednačina
Esponente	Exponent
Geometria	Geometrija
Numeri	Brojevi
Parallelo	Paralelno
Parallelogramma	Paralelogram
Perimetro	Perimetar
Poligono	Poligon
Quadrato	Kvadrat
Raggio	Radijus
Rettangolo	Pravougaonik
Simmetria	Simetrija
Somma	Suma
Triangolo	Trougao
Volume	Volume

Meditazione
Meditacija

Accettazione	Prihvatanje
Attenzione	Pažnja
Chiarezza	Jasnoća
Emozioni	Emocije
Gratitudine	Zahvalnost
Insegnamenti	Učenja
Intuizione	Uvid
Mentale	Mentalno
Mente	Razum
Movimento	Pokret
Musica	Muzika
Natura	Priroda
Pace	Mir
Pensieri	Misli
Prospettiva	Perspektiva
Respirazione	Disanje
Silenzio	Tišina
Sveglio	Budan

Meteo
Vrijeme

Arcobaleno	Duga
Asciutto	Suho
Atmosfera	Atmosfera
Cielo	Nebo
Clima	Klima
Fulmine	Munja
Ghiaccio	Led
Monsone	Monsun
Nebbia	Magla
Nube	Oblak
Nuvoloso	Oblačno
Polare	Polar
Siccità	Suša
Temperatura	Temperatura
Tempesta	Oluja
Tornado	Tornado
Tuono	Thunder
Umido	Vlažno
Uragano	Uragan
Vento	Vjetar

Misurazioni
Mjerenja

Altezza	Visina
Byte	Bajt
Centimetro	Centimetar
Chilogrammo	Kilogram
Chilometro	Kilometar
Decimale	Decimalni
Grado	Stepen
Grammo	Gram
Larghezza	Širina
Litro	Litar
Lunghezza	Dužina
Massa	Mass
Metro	Meter
Minuto	Minuta
Oncia	Unca
Peso	Težina
Pollice	Inch
Profondità	Dubina
Tonnellata	Tona
Volume	Volume

Mitologia
Mitologija

Archetipo	Arhetip
Comportamento	Ponašanje
Creatura	Stvorenje
Creazione	Stvaranje
Cultura	Kultura
Disastro	Katastrofa
Eroe	Junak
Forza	Strength
Fulmine	Munja
Gelosia	Ljubomora
Guerriero	Ratnik
Immortalità	Besmrtnost
Labirinto	Labirint
Leggenda	Legenda
Mortale	Smrtnik
Mostro	Čudovište
Paradiso	Nebo
Trionfante	Trijumfa
Tuono	Thunder
Vendetta	Osveta

Musica
Muzika

Album	Album
Armonia	Harmonija
Armonico	Harmonik
Ballata	Balada
Cantante	Singer
Cantare	Pjevati
Classico	Klasika
Coro	Hor
Lirico	Lirski
Melodia	Melodija
Microfono	Mikrofon
Musicale	Mjuzikl
Musicista	Muzičar
Opera	Opera
Poetico	Poetika
Registrazione	Snimanje
Ritmico	Ritmički
Ritmo	Ritam
Strumento	Instrument
Vocale	Vokal

Natura
Priroda

Animali	Životinje
Api	Pčele
Artico	Arktik
Bellezza	Ljepota
Deserto	Pustinja
Dinamico	Dinamički
Erosione	Erozija
Fiume	Rijeka
Fogliame	Lišće
Foresta	Šuma
Ghiacciaio	Ledenjak
Montagne	Planine
Nebbia	Magla
Nuvole	Oblaci
Rifugio	Sklonište
Santuario	Svetište
Scogliere	Litice
Selvaggio	Divlji
Sereno	Serene
Tropicale	Tropski

Numeri
Brojevi

Cinque	Pet
Decimale	Decimalni
Diciannove	Devetnaest
Diciassette	Sedamnaest
Diciotto	Osamnaest
Dieci	Deset
Dodici	Dvanaest
Due	Dva
Nove	Devet
Otto	Osam
Quattordici	Četrnaest
Quattro	Četiri
Quindici	Petnaest
Sedici	Šesnaest
Sei	Šest
Sette	Sedam
Tre	Tri
Tredici	Trinaest
Venti	Dvadeset
Zero	Nula

Nutrizione
Ishrana

Amaro	Gorak
Appetito	Apetit
Bilanciato	Balans
Calorie	Kalorije
Commestibile	Jestivo
Dieta	Dijeta
Digestione	Probava
Fermentazione	Fermentacija
Gusto	Ukus
Liquidi	Tečnosti
Nutriente	Nutrient
Peso	Težina
Proteine	Proteini
Qualità	Kvalitet
Salsa	Sos
Salute	Zdravlje
Sano	Zdrav
Spezie	Začini
Tossina	Toksin
Vitamina	Vitamin

Oceano
Ocean.

Anguilla	Jegulja
Balena	Kit
Barca	Boat
Corallo	Koral
Delfino	Delfin
Gamberetto	Škamp
Granchio	Rak
Maree	Plime
Medusa	Meduza
Onde	Talasi
Ostrica	Oyster
Pesce	Riba
Polpo	Hobotnica
Sale	So
Scogliera	Greben
Spugna	Sunđer
Squalo	Ajkula
Tartaruga	Kornjača
Tempesta	Oluja
Tonno	Tuna

Paesaggi
Krajolici

Cascata	Vodopad
Collina	Brdo
Deserto	Pustinja
Fiume	Rijeka
Geyser	Gejzir
Ghiacciaio	Ledenjak
Grotta	Pećina
Iceberg	Santa Leda
Isola	Island
Lago	Jezero
Mare	More
Montagna	Planina
Oasi	Oasis
Oceano	Ocean
Palude	Močvara
Penisola	Poluotok
Spiaggia	Plaža
Tundra	Tundra
Valle	Dolina
Vulcano	Vulkan

Paesi #1
Zemlje # 1

Brasile	Brazil
Cambogia	Kambodža
Canada	Kanada
Egitto	Egipat
Finlandia	Finska
Germania	Njemačka
India	Indija
Iraq	Irak
Israele	Izrael
Libia	Libija
Mali	Mali
Marocco	Maroko
Norvegia	Norveška
Panama	Panama
Polonia	Poljska
Romania	Rumunija
Senegal	Senegal
Spagna	Španija
Venezuela	Venecuela
Vietnam	Vijetnam

Paesi #2
Zemlje Broj 2

Albania	Albanija
Danlmarca	Danska
Etiopia	Etiopija
Giamaica	Jamajka
Giappone	Japan
Grecia	Grčka
Haiti	Haiti
Indonesia	Indonezija
Irlanda	Irska
Laos	Laos
Liberia	Liberija
Messico	Meksiko
Nepal	Nepal
Nigeria	Nigerija
Pakistan	Pakistan
Russia	Rusija
Siria	Sirija
Sudan	Sudan
Ucraina	Ukrajina
Uganda	Uganda

Piante
Biljke

Albero	Drvo
Bacca	Berry
Bambù	Bambus
Botanica	Botanika
Cactus	Kaktus
Cespuglio	Grm
Crescere	Grow
Edera	Bršljan
Erba	Trava
Fagiolo	Grah
Fertilizzante	Đubrivo
Fiore	Cvijet
Flora	Flora
Fogliame	Lišće
Foresta	Šuma
Giardino	Bašta
Muschio	Moss
Petalo	Latica
Radice	Root
Vegetazione	Vegetacija

Professioni #1
Profesije #1

Allenatore	Trener
Ambasciatore	Ambasador
Artista	Umjetnik
Astronomo	Astronom
Avvocato	Advokat
Ballerino	Dancer
Banchiere	Bankar
Cacciatore	Lovac
Cartografo	Kartograf
Editore	Urednik
Geologo	Geolog
Gioielliere	Zlatar
Infermiera	Sestro.
Marinaio	Mornar
Medico	Doktor
Musicista	Muzičar
Pianista	Pijanist
Psicologo	Psiholog
Scienziato	Naučnik
Veterinario	Veterinar

Professioni #2
Profesije #2

Astronauta	Astronaut
Bibliotecario	Bibliotekar
Biologo	Biolog
Chirurgo	Hirurg
Dentista	Zubar
Filosofo	Filozof
Fotografo	Fotograf
Giardiniere	Vrtlar
Giornalista	Novinar
Illustratore	Ilustrator
Ingegnere	Inženjer
Insegnante	Učitelj
Inventore	Izumitelj
Investigatore	Istražitelj
Linguista	Lingvist
Medico	Doktor
Pilota	Pilot
Pittore	Slikar
Ricercatore	Istraživač
Zoologo	Zoolog

Psicologia
Psihologija

Appuntamento	Sastanak
Clinico	Klinički
Cognizione	Spoznaja
Comportamento	Ponašanje
Conflitto	Sukob
Ego	Ego
Emozioni	Emocije
Esperienze	Iskustva
Idee	Ideje
Inconscio	Nesvjesno
Infanzia	Djetinje
Influenze	Uticaji
Pensieri	Misli
Percezione	Percepcija
Personalità	Ličnost
Problema	Problem
Realtà	Stvarnost
Sensazione	Senzacija
Terapia	Terapija
Valutazione	Procjena

Riscaldamento Globale
Globalno Zagrijavanje

Artico	Arktik
Attenzione	Pažnja
Clima	Klima
Conseguenze	Posljedice
Crisi	Kriza
Dati	Podaci
Energia	Energija
Futuro	Budućnost
Gas	Gas
Generazioni	Generacije
Governo	Vlada
Habitat	Staništa
Industria	Industrija
Internazionale	Međunarodni
Legislazione	Zakonodavstvo
Ora	Sada
Popolazioni	Populacije
Scienziato	Naučnik
Sviluppo	Razvoj
Temperature	Temperature

Salute e Benessere #1
Zdravlje i Wellness #1

Abitudine	Navika
Altezza	Visina
Attivo	Aktivno
Batteri	Bakterije
Clinica	Klinika
Fame	Glad
Farmacia	Apoteka
Frattura	Fraktura
Medicina	Lijek
Medico	Doktor
Muscoli	Mišići
Ormoni	Hormoni
Ossa	Kosti
Pelle	Koža
Riflesso	Refleks
Rilassamento	Opuštanje
Supplementi	Dodaci
Terapia	Terapija
Trattamento	Tretman
Virus	Virus

Salute e Benessere #2
Zdravlje i Wellness #2

Allergia	Alergija
Anatomia	Anatomija
Appetito	Apetit
Caloria	Kalorija
Corpo	Telo
Dieta	Dijeta
Digestione	Probava
Disidratazione	Dehidracija
Energia	Energija
Genetica	Genetika
Igiene	Higijena
Infezione	Infekcija
Malattia	Bolest
Massaggio	Masaža
Nutrizione	Ishrana
Ospedale	Bolnica
Peso	Težina
Sangue	Krv
Sano	Zdrav
Vitamina	Vitamin

Scienza
Nauka

Atomo	Atom
Chimico	Hemijski
Clima	Klima
Dati	Podaci
Esperimento	Eksperiment
Evoluzione	Evolucija
Fatto	Činjenica
Fisica	Fizika
Fossile	Fosil
Gravità	Gravitacija
Ipotesi	Hipoteza
Laboratorio	Laboratorija
Metodo	Metoda
Minerali	Minerali
Molecole	Molekule
Natura	Priroda
Organismo	Organizam
Particelle	Čestice
Piante	Biljke
Scienziato	Naučnik

Spezie
Unit-Format

Aglio	Češnjak
Amaro	Gorak
Anice	Anis
Cannella	Cimet
Cardamomo	Kardamom
Cipolla	Luk
Coriandolo	Coriander
Cumino	Cumin
Curcuma	Kurkuma
Curry	Curry
Dolce	Slatko
Finocchio	Komorač
Liquirizia	Licorice
Noce Moscata	Muškat
Paprika	Paprika
Pepe	Biber
Sale	So
Vaniglia	Vanilija
Zafferano	Šafran
Zenzero	Ginger

Strumenti Musicali
Muziäťki Instrumenti

Armonica	Harmonika
Arpa	Harp
Banjo	Banjo
Chitarra	Gitara
Clarinetto	Klarinet
Fagotto	Fagot
Flauto	Flauta
Gong	Gong
Mandolino	Mandolina
Marimba	Marimba
Oboe	Oboe
Percussione	Udaraljke
Pianoforte	Klavir
Sassofono	Saksofon
Tamburello	Tambura
Tamburo	Bubanj
Tromba	Truba
Trombone	Trombon
Violino	Violinu
Violoncello	Čelo

Tecnologia
Tehnologija

Blog	Blog
Browser	Preglednik
Byte	Bajtova
Computer	Računar
Cursore	Kursor
Dati	Podaci
Digitale	Digitalno
File	Fajl
Font	Font
Internet	Internet
Messaggio	Poruka
Ricerca	Istraživanje
Schermo	Ekran
Sicurezza	Sigurnost
Software	Softver
Statistiche	Statistika
Telecamera	Kamera
Virtuale	Virtualno
Virus	Virus

Tempo
Vrijeme

Anno	Godina
Annuale	Godišnji
Calendario	Kalendar
Decennio	Decenija
Dopo	Poslije
Futuro	Budućnost
Giorno	Dan
Ieri	Juče
Mattina	Jutro
Mese	Mjesec
Mezzogiorno	Podne
Minuto	Minuta
Momento	Trenutak
Notte	Noć
Oggi	Danas
Ora	Sat
Presto	Uskoro
Prima	Prije
Secolo	Century
Settimana	Sedmicu

Tipi di Capelli
Tipovi za Kosu

Asciutto	Suho
Bianco	Bela
Biondo	Plava
Breve	Kratko
Calvo	Ćelav
Colorato	Obojeno
Grigio	Siva
Intrecciato	Braided
Lungo	Dugo
Marrone	Brown
Morbido	Meko
Nero	Crna
Riccio	Curly
Riccioli	Kovrče
Sano	Zdrav
Sottile	Tanak
Spessore	Debeo
Trecce	Pletenice

Uccelli
Ptice

Airone	Heron
Anatra	Patka
Aquila	Orao
Cicogna	Roda
Cigno	Labud
Colomba	Dove
Cuculo	Kukavica
Fenicottero	Flamingo
Gabbiano	Gull
Oca	Guska
Pappagallo	Papagaj
Passero	Sparrow
Pavone	Paun
Pellicano	Pelikan
Piccione	Golub
Pinguino	Pingvin
Pollo	Kokoš
Struzzo	Noj
Tucano	Toucan
Uovo	Jaje

Universo
Univerzum

Asteroide	Asteroid
Astronomia	Astronomija
Astronomo	Astronom
Atmosfera	Atmosfera
Buio	Tama
Celeste	Nebeski
Cielo	Nebo
Cosmico	Cosmic
Emisfero	Hemisfera
Galassia	Galaksija
Latitudine	Latitude
Longitudine	Dužina
Luna	Mjesec
Orbita	Orbita
Orizzonte	Horizont
Solare	Solarno
Solstizio	Solsticij
Telescopio	Teleskop
Visibile	Vidljiv
Zodiaco	Zodiac

Vacanze #2
Odmor # 2

Aeroporto	Aerodrom
Campeggio	Kampiranje
Destinazione	Odredište
Foto	Slike
Hotel	Hotel
Isola	Island
Mappa	Mapa
Mare	More
Montagne	Planine
Passaporto	Pasoš
Ristorante	Restoran
Spiaggia	Plaža
Straniero	Strani
Taxi	Taksi
Tempo Libero	Leisure
Tenda	Šator
Trasporto	Transport
Treno	Voz
Viaggio	Putovanje
Visto	Visa

Veicoli
Vozila

Aereo	Avion
Ambulanza	Hitna
Auto	Auto
Autobus	Autobus
Barca	Boat
Bicicletta	Bicikl
Camion	Kamion
Caravan	Karavan
Elicottero	Helikopter
Metropolitana	Podzemna
Motore	Motor
Pneumatici	Gume
Razzo	Raketa
Scooter	Skuter
Sottomarino	Podmornica
Taxi	Taksi
Traghetto	Trajekt
Trattore	Traktor
Treno	Voz
Zattera	Splav

Verdure
Povrće

Aglio	Češnjak
Broccolo	Brokula
Carciofo	Artičoka
Carota	Mrkva
Cetriolo	Krastavac
Cipolla	Luk
Fungo	Gljiva
Insalata	Salata
Melanzana	Patlidžan
Patata	Krompir
Pisello	Grašak
Pomodoro	Paradajz
Prezzemolo	Peršun
Rapa	Repa
Ravanello	Rotkvica
Scalogno	Shallot
Sedano	Celer
Spinaci	Špinat
Zenzero	Ginger
Zucca	Tikva

Vestiti
Odjeća

Abito	Haljina
Braccialetto	Narukvica
Camicetta	Bluza
Camicia	Košulja
Cappello	Šešir
Cappotto	Kaput
Cintura	Kaiš
Collana	Ogrlica
Giacca	Jakna
Gonna	Suknja
Grembiule	Kecelja
Guanti	Rukavice
Jeans	Farmerke
Maglione	Džemper
Moda	Moda
Pantaloni	Hlače
Pigiama	Pidžama
Sandali	Sandale
Scarpa	Cipela
Sciarpa	Šal

Congratulazioni

Ce l'hai fatta!

Speriamo che questo libro vi sia piaciuto tanto quanto a noi è piaciuto concepirlo. Ci sforziamo di creare libri della più alta qualità possibile.
Questa edizione è progettata per fornire un apprendimento intelligente, di qualità e divertente!

Le è piaciuto questo libro?

Una Semplice Richiesta

Questi libri esistono grazie alle recensioni che pubblicate.

Puoi aiutarci lasciando una recensione
ora a questo link ?

BestBooksActivity.com/Recensioni50

SFIDA FINALE!

Sfida n°1

Sei pronto per il tuo gioco gratuito? Li usiamo sempre, ma non sono così facili da trovare - ecco i **Sinonimi!**
Scrivi 5 parole che hai trovato nei puzzle (n° 21, n° 36, n° 76) e prova a trovare 2 sinonimi per ogni parola.

Scrivi 5 parole del **Puzzle 21**

Parole	Sinonimo 1	Sinonimo 2

Scrivi 5 parole del **Puzzle 36**

Parole	Sinonimo 1	Sinonimo 2

Scrivi 5 parole del **Puzzle 76**

Parole	Sinonimo 1	Sinonimo 2

Sfida n°2

Ora che ti sei riscaldato, scrivi 5 parole che hai trovato nei puzzle n° 9, n° 17 e n° 25 e cerca di trovare 2 contrari per ogni parola. Quanti ne puoi trovare in 20 minuti?

Scrivi 5 parole del **Puzzle 9**

Parole	Antonimo 1	Antonimo 2

Scrivi 5 parole del **Puzzle 17**

Parole	Antonimo 1	Antonimo 2

Scrivi 5 parole del **Puzzle 25**

Parole	Antonimo 1	Antonimo 2

Sfida n°3

Grande! Questa sfida non è niente per te!

Pronto per la sfida finale? Scegli 10 parole che hai scoperto nei diversi puzzle e scrivile qui sotto.

1.	6.
2.	7.
3.	8.
4.	9.
5.	10.

Ora scrivi un testo pensando a una persona, un animale o un luogo che ti piace.

Puoi usare l'ultima pagina di questo libro come bozza.

La tua composizione:

TACCUINO:

A PRESTO!

Tutta la Squadra